Lothar Adler

AMOK
EINE STUDIE

BELLEVILLE

Alle Rechte vorbehalten
© 2000 belleville Verlag Michael Farin
Hormayrstraße 15 · 80997 München
Satz: Mangasser, Mering
Druck: Druckhaus Köthen
ISBN: 3-923646-86-0

Inhaltsverzeichnis

1	Einleitung	7
2	Literaturübersicht	9
2.1	Herkunft des Begriffs	9
2.2	Indisch-malaiischer Amok	9
2.2.1	Einführung	9
2.2.2	Kriegerischer Amoklauf von Gruppen	10
2.2.3	Individueller malaiischer Amok	12
2.2.3.1	Phänomenologie	13
2.2.3.2	Kulturelle Bewertung und reale Sanktionen	14
2.2.3.3	Häufigkeit	16
2.2.3.4	Gründe und Hintergründe	17
2.2.3.4.1	Soziale Herkunft der Amokläufer	17
2.2.3.4.2	Motive	18
2.2.3.4.3	Culture-Bound-Syndrom	19
	Exkurs: Amoklauf in anderen historischen Kulturen	21
2.2.3.4.4	Psychiatrische Erkrankungen	23
2.2.4	Kommentar	26
2.3	Amokähnliche Handlungen im europäisch-amerikanischen Kulturraum	29
2.3.1	Übersicht	29
2.3.2	Deutschsprachige Literatur	31
	Exkurs: Geisteskranke versus gewöhnliche Gewalttäter	34
2.3.3	Angloamerikanische Literatur	36
	Exkurs: Dissoziative Störungen	37
2.3.3.1	Das »Whitmann-Syndrom«	40
2.3.3.2	Minderschwere impulsive Gewalttaten	42
2.3.3.3	Amok und Homicide-Suicide	43
2.3.4	Zusammenfassung	47
3	**Fragestellung**	49
4	**Material und Methode**	50
5	**Ergebnisse**	54

5.1	Soziodemographischer Hintergrund	54
5.1.1	Geschlecht	54
5.1.2	Alter	54
5.1.3	Familienstand	56
5.1.4	Beruf	56
5.1.5	Stadt-Land-Gefälle	58
5.1.6	Sondergruppen	59
5.2	**Amok als kriminelle Handlung**	60
5.2.1	Gefährlichkeit	60
5.2.2	Tatplanung	61
5.2.3	Tatwaffen	61
5.2.4	Tatdauer	63
5.2.5	Nachtatverhalten	64
5.3	**Auslösende Motive**	64
5.3.1	Handlungslatenz	64
5.3.2	Emotionale Tatbeteilung	65
5.3.3	Motive	65
5.4	**Täter-Opfer-Beziehung**	68
5.4.1	Konfliktbeteiligung der Opfer	68
5.4.2	Persönliche Beziehungen	71
5.5	**Psychische Störungen der Täter**	72
5.5.1	Primärpersönliche Auffälligkeiten	73
5.5.2	Psychiatrische Erkrankung	77
5.6	**Ende des Amoklaufes für den Täter**	80
5.6.1	Ausgang unbekannt	81
5.6.2	Tödlicher Ausgang für den Täter	81
5.6.3	Suicidversucher	84
5.6.4	Entwaffnung nach Widerstand	84
5.6.5	Widerstandslose Festnahme	85
5.6.6	Selbststeller	86
5.6.7	Identifikation von Amokläufer-»Typen«	86
5.6.7.1	»Überlebende« und »sterbende« Amokläufern	86
5.6.7.2	Sterbende Amokläufer - drei Subtypen	88
6	**Zusammenfassung und Diskussion**	91
6.1	Amok im Spektrum nichtkrimineller Tötungen	91
6.2	Amok und Serotoninmangel: Eine Hypothese	106
7	**Möglichkeiten der Früherkennung und Behandlung**	111
8	**Literaturverzeichnis**	114

1 Einleitung

Irgendwann und irgendwie einmal »auszurasten«, »durchzudrehen«, »Amok zu laufen« oder sonstwie »verrückt« zu werden, ist stehende Redensart, oft mehr oder minder zornig dahergeredet und nicht mehr als ein Zeichen: So will und kann ich nicht mehr weiter, nehmt euch zusammen, ich kann auch anders. Der Faszination dieser Phantasie erliegen viele – zumindest des auf den PC beschränkten »Probehandelns«, daß Tausende von »Amok«-Computer-Spiele hervorgebracht hat, die im Internet angeboten werden und das Suchwort »Amok« besetzen.

Aber dann gibt es das tatsächlich, das totale Ausrasten – den »Amoklauf«. Was die Medien immer wieder berichten, ist entsetzlich und über alle Befremdlichkeit hinaus vielleicht deshalb so beunruhigend, weil wahrgemacht wurde, was zuvor vielleicht eigener Impuls war: Da hat einer ernst gemacht. Ganze Familien, Straßenzüge, Plätze, Büros oder Kindergärten wurden mit Blut überzogen, ehe sich der Täter selbst tötete oder getötet oder schwerverletzt überwunden wurde. Und die Gründe? Die journalistisch recherchierten Gründe und Motive erscheinen oft so banal, daß sie jedermanns Gründe hätten sein können: Geldnot, Konflikte am Arbeitsplatz, Ärger mit der Hosteß am Parkplatz und natürlich Partnerschaftskonflikte. Oft wird überhaupt nichts Greifbares bekannt. Auch die Erwartung, es seien irgendwie »Verrückte« – verrückt eben wie die Tat selber – wird eher selten erfüllt. Manchmal ist von Gummistiefeln und anderen Fetischen, vom Verdacht besonderer Neigungen zu Kindern, von Frauenfeindlichkeit, Jähzorn, von Depressionen und Schizophrenien die Rede – nichts, was es nicht oft gäbe. Die Frage bleibt offen – was war es denn, was die gewöhnliche Wut, die ausgesprochene Drohung, von dieser ungeheuerlichen Raserei trennt?

Die bisherige wissenschaftliche Aufarbeitung des Amoklaufs vermittelt einen zwiespältigen Eindruck. Der exemplarische Fall (Gaupp (1938)) des 1913 amoklaufenden Hauptlehrers Wagner war jahrzehntelang Gegenstand intensiver Auseinandersetzungen und verbindet sich mit den Namen berühmter Psychiater. Abgesehen davon ist jedoch der psychiatrische und kriminologische (Middendorf (1984)) Kenntnisstand über das Phänomen Amok eher unbefriedigend. Moderne Untersuchungen, die über einige wenige Fälle hinausgehen, sind selten und enthalten selbst dann noch häufiger Reanalysen der wenigen bekannteren Fälle.

Plausible Gründe dafür lassen sich im Vorgriff auf einige Ergebnisse dieser Arbeit schnell nennen. Zum einen ist die Präsenz des »Amok« im öffentlichen Bewußtsein vornehmlich darauf zurückzuführen, daß die Medien Taten weltweit zusammentragen und die Ereignisse lange in Erinnerung bleiben – nicht aber darauf, daß sie tatsächlich häufig wären. Im Gegenteil, sie sind extrem selten und entziehen sich so üblicher wissenschaftlicher Forschungsmethodik. Weiterhin enden gerade die schwerwiegenden Amokläufe häufig mit dem Tod des Täters und lassen deshalb nur eine unbefriedigende Sekundäranalyse zu. Schließlich sind terminologische Probleme zu nennen, die z. B. aus der enormen publizistischen Ausweitung des ursprünglichen malaiischen Begriffs Amok entstehen. Bereits etwas dramatischere Familienkonflikte, Körperverletzungen oder Sachbeschädigungen werden gern mit dem sensationsträchtigen Begriff belegt, ohne es im Sinne des ursprünglichen malaiischen Amok zu sein.

Das vorliegende Buch gibt keine letzten Antworten auf die Frage nach den Gründen für Amok und bietet keine Patentrezepte zu deren Verhinderung. Geleistet werden soll ein erster Schritt zur Überwindung der kasuistischen Ära der »Amokforschung«: Es soll eine Übersicht über den derzeitigen Kenntnisstand bieten und die Ergebnisse der bisher u. W. größten Studie über Amok darstellen. Schließlich soll der Versuch einer vorläufigen Synopsis auf dem Hintergrund des aktuellen psychiatrischen Wissensstandes gewagt werden, bei der natürlich auch Fragen der Prävention berührt werden.

2 Literaturübersicht

2.1 Herkunft des Begriffs

»Amuk« bedeutet auf malaiisch soviel wie »zornig« bzw. »rasend« (Duden). Daraus abgeleitet bezeichnet *mengamuk* einen spontanen, ungeplanten und mörderischen Angriff gegen unbeteiligte Personen und *pengamuk* den Täter (Hatta (1996)). Gelegentlich ist von »a muck« in der englischsprachigen Literatur die Rede (Spores (1988)). Schrieke (1957) übersetzt den Kampfruf der Javanesen »amokan« mit »stab them to death« und Sir Clifford und Swettham (1894) bezeichnen in ihrem Dictionary der malaiischen Sprache den Ruf »Amok, Amok« als Kampfruf der Malaien analog dem »Attacke«-Ruf europäischer Soldaten. Etymologisch sieht Ellenberger (1965) Beziehungen zum Wort »Amoucos«, das aus dem Bereich der Malabarküste Südwestindiens stammt. Das Phänomen betrifft nicht nur die Malayen, sondern auch die den Malayen ethnisch und sprachlich nahestehenden Völker des malaiischen Archipel mit den modernen Staaten Malaysia, Indonesien, Singapore, Brunei und Teilen von Thailand und den Philippinen sowie Südindien.

2.2 Indisch-malaiischer Amok

2.2.1 Einführung

Die weite Verbreitung über ein Gebiet mit sehr verschiedenen ethnischen, religiösen und politischen Bindungen und die dynamische, wenig präzise dokumentierte historische Entwicklung (Hussein (1968)) läßt Amok nicht als ein klar umschriebenes und einheitlich bezeichnetes Phänomen erscheinen, zumal die historischen Quellen lückenhaft sind und im wesentlichen aus Berichten sehr unterschiedlich motivierter Reisender, von Beamten der Kolonialregierungen und erst seit der Mitte des letzten Jahrhunderts auch vereinzelter Kolonialärzte bestehen. Für Interessierte darf auf die sorgfältige Studie über die historische Entwicklung des indisch-malaiischen Amok von Spores (1988) verwiesen werden, die vor allem englischsprachige Quellen berücksichtigt.

Den Schwerpunkt der Literaturrecherche soll der individuelle Amok bilden. Es ist nicht beabsichtigt, die zahllosen Differenzen in der Darstellung der Phänomenologie und die teils wissenschaftshistorisch bedingt unterschiedlichen Annahmen über die Gründe des Amoks herauszuarbeiten, sondern eher auf das Übereinstimmende zu rekurrieren.

2.2.2 Kriegerischer Amoklauf von Gruppen

Die erste bekannte Beschreibung kriegerischen Amoks aus Südindien lieferte der Portugiese Gaspar Correa (Spores (1988)) anläßlich eines Krieges zwischen den Königen von Cochin und Calicut im Jahre 1503. Zwei Prinzen des Königs von Cochin wurden dabei getötet. Deren überlebende Krieger erklärten sich wegen ihrer Schande überlebt zu haben zu »amoucos«. Sie rasierten sich die Haare und schlichen sich in das feindliche Calicut ein, wüteten wahllos mordend unter der Bevölkerung, bis sie selber alle getötet waren. Correa betonte, daß sich ihre rituelle Selbstwidmung zum »amoucos« inclusive homicidal-suicidalem Ausgang in Übereinstimmung mit den sozialen Erwartungen befand. In manchen Regionen scheinen in gewisser Analogie zu den Witwenverbrennungen ganze Völkerschaften nach dem fremdverschuldeten Tod des Königs – zeitlich begrenzt – zu selbstmörderisch wütenden »amoucos« geworden zu sein, die für festgelegte Tage oder Wochen – je nach Bedeutung des Herrschers – wahllos alle Bewohner des gegnerischen Königreiches angriffen. Im Regelfall dürften aber »amoucos« eher eine Elitetruppe aus einem ohnehin kriegerischen Volk (Nayros) gewesen sein, die sich in Kriegen auf Befehl des Königs zu bedingungslosem Einsatz bereitfanden. Spores (1988) fand in den Quellen unterschiedliche Methoden, die die »amoucos« an ihren Herrscher banden wie z. B. rituelles gemeinsames Einnehmen von Reis aus der Hand des verpflichtenden Herrschers, Kopfrasuren etc., aber auch materielle und soziale Privilegien. Der zentrale Kampfauftrag scheint der persönlichen Sicherheit und der Bewahrung der

Ehre des Königs gegolten zu haben. Die Gegner vermieden die Tötung oder Verletzung des Königs der Gegenpartei, um nicht der bedingungslosen Rache der »amoucos« anheimzufallen. Ansehen und Macht eines Königs hatten unmittelbar Bezug zu der Anzahl derartiger Kämpfer.

Die bevorzugte Rekrutierung der »amoucos« aus dem Stamm der Nayros scheint dazu geführt zu haben, daß sich auch andere Personen und Institutionen derer Hilfe und Kampfpotential versicherten. Möglicherweise bereitete sie damit die Auflösung der engen staatlich-militärischen Bindung der »amoucos« vor, ohne daß es in Südindien zu individuellen Amokläufen gekommen sein soll (Spores (1988)).

Auch in Malaysia gab es erste Berichte über militärischen Amok bereits im 15. Jahrhundert; die ersten Erwähnungen von Amok als etabliertes militärtaktisches Verhalten fanden sich im Zusammenhang mit Berichten über den Fall von Mallacca 1511 (Spores (1988)); seine Ursprünge sollen aber bis vor das 14. Jahrhundert (Carr (1985), Galloway (1923), Teoh (1972), Hatta (1996)) zurückreichen. Teoh (1972) dagegen meinte, daß Kapitän Cook als erster Europäer den »Amok« im Rahmen seiner Weltumsegelung 1770 kennenlernte. Schrieke (1957) erarbeitete Quellen, aus denen für Java und Bali hervorgeht, daß zum Teil Tausende von Amokläufern militärisch weit überlegene Heere angriffen und fürchterliche Blutbäder anrichteten, später aber auch kleinere Anschläge gegen prominente Kolonialbeamte als Amok durchgeführt wurden. Im Rahmen der Islamisierung erhielt der militärisch-taktische Amoklauf eine religiös-fanatische Färbung als Kriegshandlung bei der »Intifada«, dem Heiligen Krieg (Shaw (1972)), er war aber weiterhin z. B. bei Piraten (Baechler (1975)) profane Kriegstechnik. Die Malaien galten nicht zuletzt wegen dieser Kampfform bis ins 19. Jahrhundert als besonders kriegerische Rasse (Metzger (1887)) und gefährliche Gegner (Shaw (1972)). Über rituelle Vorbereitungen, religiös-soziale Bedeutung etc. des Verhaltens im malaiischen Archipel nach Islamisierung wurde wenig bekannt (Kon (1994)).

Der kriegerische Gruppenamok der Malaien und der der Südinder scheint sich in gewissen Aspekten unterschieden zu haben; so soll der malaiische weniger organisiert und institutionalisiert gewesen sein. Spores (1988) hielt dies für eine Folge der unterschiedlichen politischen Strukturen.

2.2.3 Individueller malaiischer Amok

Die ersten Erwähnungen des individuellen malaiischen Amok stammen von Portugiesen. Nicolo Conti (Hakluyt Society (1857)) beschrieb im frühen 15. Jahrhundert ein verbreitetes, amokähnliches homicidal-suicidales Verhalten, mit dem sich ein zahlungsunfähiger Schuldner seiner unweigerlich drohenden Versklavung entziehen konnte. Duarte Barbosa (1943) bezeichnete 1512 mit »amuco« Menschen, die sich nach überstandener Krankheit als Dank an die Götter mit Messer und Speer bewaffnet in die Menge stürzen und rückhaltlos jeden töten, der sich vor ihrem Warnruf und zugleich Kampfschrei »amuco« nicht in Sicherheit bringen konnte, bis sie selbst getötet werden. Bis zum Ende des 18. und Beginn des 19. Jahrhunderts waren Berichte über individuelle Amokläufe selten; ganz verschwunden schien er jedoch nicht gewesen zu sein. Sir Henry Middleton (Hakluyt Society (1943)) beschreibt es Anfang des 16. Jahrhunderts als suizidales Verhalten der Javanesen, Walter Schulzen (1676) erlebte während des Jahres 1659 bei seinem wenige Monate dauernden Aufenthalte in Batavia nicht weniger als 3 Amokläufer. Die holländische Ostindien-Gesellschaft berichtet im Verlauf des 17. Jahrhunderts mehrfach über Amokläufe. Spores (1988) vermutete nach vorübergehender Abnahme dann im 19. Jahrhundert eine Zunahme. Sie liefen im einzelnen so unterschiedlich ab, daß eine einheitliche Darstellung nicht möglich erschien.

Auch wenn der Amok spätestens seit der Mitte des letzten Jahrhunderts seinen engen religiös-kriegerischen Bezug verlor, so behielt er nach Meinung vieler Autoren aber auch als »personal amok« seine Prägung durch den spezifisch kulturellen Hintergrund bei (Burton Bradley (1968), Gimlette (1901), Schmidt et al. (1977), Carr (1985)). Er soll zunehmend Ausdruck krankhaft abweichenden Verhaltens (Schmidt et al. (1977), Teoh (1972)) geworden sein und wurde dementsprechend zunehmend gesellschaftlich negativ bewertet (Carr und Tan (1976), Lee (1981), Murphy (1982)).

2.2.3.1 Phänomenologie

Von europäischen Reisenden, Kolonialbeamten und -ärzten, und später Ethnologen, Soziologen und Psychiatern wurden individuelle malaiische Amokläufe über die Jahrhunderte hindurch trotz einschneidender soziokultureller Veränderungen recht gleichförmig beschrieben (z. B. Ellis (1893), Gimlette (1901), Metzger (1887), van Brero (1897), Murphy (1982), Spores (1988), Hatta (1996)). Typischerweise lassen sich vier Phasen unterscheiden:

1. Eine Kränkungen, Objektverlusten u. ä. nachfolgende Phase des intensiven Grübelns bzw. Depression mit Rückzug von der Umwelt. Schmidt et al. (1977) fanden bei ihrer relativ großen Untersuchung an 24 Amokläufen derartiges in 17 von 20 verwertbaren Fällen. Gelegentlich fiel der Umgebung kein Rückzugsverhalten auf; dann wurde öfter über ungewöhnliche Unberührtheit durch belastende Ereignisse berichtet.

2. Explosionsartig erfolgte dann ein unvorhersehbarer Angriff mit rücksichtsloser Tötungsbereitschaft. Nicht selten begann der Amoklauf bei der Familie und Verwandten, konnte initial aber auch Schlafgenossen, Bekannte oder Konfliktpartner treffen und sich dann im »Blutrausch« wahllos auf Fremde ausweiten.

3. Es folgte eine oft mehrstündig anhaltende, oft gänzlich ungesteuerte, mörderische Raserei, bis der Amokläufer entweder durch Fremd- oder Eigeneinwirkung getötet, kampfunfähig verletzt bzw. überwältigt wurde. Rasche Überwältigung konnte den Personenkreis und die Anzahl der Opfer begrenzen.

4. Überlebende Täter verfielen gelegentlich in einen stunden- bis tagelangen, schlafähnlichen oder stuporösen Zustand. Unabhängig davon gaben sie typischerweise vor, keine Motive gehabt zu haben: Sie wären »mata glap« gewesen. Damit war gemeint, daß keine Erinnerung an die Tat bestand. Es wäre ihnen in irgendeiner Form schwarz oder rot vor Augen gewesen, sie hätten z. B. Tiger,

Teufel oder anderes vor Augen gesehen, durch die sie z. B. hindurchstachen etc. Schmidt et al. (1977) fanden in ihrem Kollektiv lediglich einen Amokläufer, der sich vollständig erinnerte.

Geändert haben sich im Verlauf der letzten Jahrhunderte praktisch nur die Tatwaffen. Früher wurden traditionelle Waffen wie das messerähnliche Kris, der kurzschwertähnliche Parang oder Speere benutzt, die jeder Mann ohnehin zu seiner Verfügung hatte. Heute kommen häufiger Schußwaffen, Handgranaten, Fahrzeuge u. ä. vor (Carr und Tan (1976), Schmidt et al.(1977), Westermeyer (1973 a)).

2.2.3.2 Kulturelle Bewertung und reale Sanktionen

Amokläufer töteten sich selber oder riskierten bereits durch den Ruf »amok«, daß sie jedermann in Übereinstimmung mit dem Gesetz töten konnte. Der individuelle interpersonelle Krieg, den der Amokläufer initiierte, traf ihn in voller Konsequenz. Zeitzeugen berichteten, daß Amokläufer während der Tat mit allen zur Verfügung stehenden Mitteln bekämpft wurden und »vogelfrei« waren (Metzger (1887)). An Straßenkreuzungen bzw. Polizeistationen wurden noch Anfang des letzten Jahrhunderts überall z. T. spezielle, forkenähnliche, spitze Geräte deponiert (Baechler (1975), Ellis (1893)), mit denen Amokläufer auf Abstand und niedergehalten und wohl auch aufgespießt werden konnten. Noch um die Jahrhundertwende fand man diese Geräte in ländlichen Gegenden (Ellis (1893), Rasch (1895)). Selbst schwerverletzte Amokläufer wurden gelegentlich getötet (Sporres (1988)), damit die von ihnen ausgehende Gefahr beendet war. Teilweise wurden die Leichname öffentlich zur Schau gestellt. Murphy (1982) vermutete, daß früher über die Hälfte der Täter während des Amoks verstarben, Spores (1988) hielt dies für den Regelfall. Aus neuerer Zeit berichtete Teoh (1972), daß von 120 Amokläufern 85 inhaftiert, 16 getötet wurden und 19 durch Suizid endeten.

Das Schicksal überlebender Amokläufer variiert in der Darstellung nahezu von Autor zu Autor. Der Eindruck ist, daß bei konkreten Taten drastische Reaktionen auf die Taten und negative Einschätzungen dargestellt werden, während tatferne, z. B. ethnologisch motivierte Ausführungen differenzierte, für den Täter auch positive Ausgänge und Einschätzungen seiner Tat nahelegen. Die Extreme reichen vom sozial hochgeachteten Kämpfer in Analogie zum heldenhaften, religiös-militärisch motivierten Kampf der »amoucos« bis hin zur Einschätzung als feiger Mörder Unschuldiger. Einige Autoren unterscheiden nicht erkennbar zwischen militärischem Gruppenamok und den individuell motivierten Amokläufen und benennen oft nicht präzise, zu welchem Zeitpunkt und in welcher Region die beschriebenen Reaktionen typische waren.

Die Chance zu überleben, mag durch gewisse Besonderheiten des malaiischen Rechtes gefördert worden sein. Es beinhaltete anscheinend ein Gemisch regionaler, hinduistischer, mohammedanischer und europäischer »Codes«, die nicht immer stringent angewandt wurden und bei denen patriarchalisch-straforientierte Grundsätze mit einem matriarchalischen, auf Wiedergutmachung abzielenden Recht konkurrierten (Spores (1988)). Letzterem mochten Amokläufer manchmal ihr Überleben verdanken. Ellis (1893) berichtete, daß entkommene Täter beim »Rajah« gnadenweise Zuflucht fanden, dort als Sklave lebten, heiraten und sich sogar später freikaufen konnten. Spores (1988) hielt dies eher für eine hypothetische Möglichkeit; in den Quellen scheint kein solcher Fall dokumentiert worden zu sein. Eher gängig dürfte die Bezahlung eines Blutpreises gewesen sein – sofern die Mittel dafür vorhanden waren – oder aber eben Sklaverei. Zumindest in einigen Regionen behielten sich die »Rajah« vor zu entscheiden, wie mit überlebenden Amokläufern zu verfahren wäre und bestraften Täter, die bereits überwundene Amokläufer töteten – z. B. mußten diese die Beerdigungskosten tragen. Folgt man Spores (1988), scheinen aber auch die Rajah eher Exekutionen angeordnet zu haben, soweit sie nicht am Blutpreis partizipierten. Schulzen (1676) beschrieb schon 1659 Martern und finales Rädern. Gimlette (1901)) berichtete von ritueller Hinrichtung des Täters, gelegentlich sogar Tötung der gesamten Familie.

Einige Autoren beschrieben erst unter der kolonialen Rechtsprechung eine eindeutige Kriminalisierung, während zuvor Amokläufer unabhängig vom Ausgang als Helden bzw. Märtyrer verehrt worden sein sollen (Murphy (1982), Kon (1994)). Schulzen (1676) berichtete, daß Amokläufer als unüberwindliche Helden gefeiert wurden, so daß die holländischen Gouverneure abschreckende Strafen verhängten. Ähnlich dürften auch die anderen europäischen Kolonialherren reagiert haben. Ein besonderer Anlaß für die Kriminalisierung durch die Engländer war ein vielbesprochener Amoklauf in Penang 1846, bei dem ein angesehener Bauarbeiter nach dem Tode seiner Frau und seines Kindes 10 Menschen tötete und 2 verletzte. Sir W. Norris verurteilte ihn in einem seinerzeit aufsehenerregenden Prozeß zum Tode, weil er, was immer auch in ihm vorgegangen wäre, »not the fear of God before your eyes« – wie andere Mörder auch – gehabt hätte (Ellis (1893)). Seine Asche sollte im Meer verstreut werden.

Ab 1893 wurden von den Engländern spezielle Gesetze erlassen und die Täter zum Teil mit Haft bestraft bzw. in psychiatrischen Krankenhäusern untergebracht (van Brero (1897), Ellis (1893), Murphy (1982)).

2.2.3.3 Häufigkeit

Eingehende und methodisch gesicherte epidemiologische Ergebnisse über die Häufigkeit von Amok im Bereich des malaiischen Archipels liegen nicht vor. Spores (1988) fand für das 15. Jahrhundert Hinweise für häufiges Vorkommen, in den nachfolgenden zwei Jahrhunderten eine Abnahme und zwischen 1825 und 1925 Berichte über etwa 50 Einzelfälle. Auch zeitnahe Autoren (Metzger (1887), van Brero (1897)) fanden, daß Amok insgesamt nicht häufig vorkommt. Ellis (1893) berichtete dagegen, daß Amok nach den Feststellungen des Kapitän Cook in Malaysia seit undenklichen Zeiten häufig gewesen war und ergänzte, daß dieses Problem während der Kolonialzeiten alle Gouverneure beschäftigte. Diese unterschiedlichen Einschätzungen könnten durch rassisch und sozial bedingte regionale Unterschiede erklärt werden

(Oxley (1849), Westermeyer (1973), Spores (1988))). Van Brero (1897) bestritt solche Unterschiede und wies bereits damals auf den ausufernden publizistischen Gebrauch des Wortes »Amok« hin, die ein Grund für falsche hohe Häufigkeitsangaben wären.

Relative Übereinstimmung besteht darüber, daß die Häufigkeit des Amok zum Ende des 19. Jahrhunderts bzw. Beginn des 20. Jahrhunderts deutlich abnahm. Ellis (1893) und van Brero (1897) hielten die veränderte Rechtsprechung für ursächlich, Gimlette (1901) und Lehmann (1967) machten eher den allgemeinen Akkulturationsprozeß und die verbesserte psychiatrische Versorgung dafür verantwortlich. Baechler (1975) meinte, daß im niederländischen Java die Amokläufe zurückgingen, nachdem die Täter nicht mehr getötet, sondern zur Zwangsarbeit verurteilt wurden. Spores (1988) hielt dagegen manipulative Unterdrückungen solcher Meldungen für möglich, um ordnungspolitische Erfolge vorweisen zu können.

Teoh (1972) glaubte aufgrund der Häufigkeit von Zeitungsmeldungen, daß ab Mitte der 50er Jahre Amokläufe wieder häufiger wurden. Bis zur Mitte der 50er Jahre fand er nur selten publizierte Amokfälle, ab 1955 knapp 10 pro Jahr. Murphy (1982) rechnete in den 60er Jahren mit 6–2 Fällen pro Jahr im benachbarten Laos und Vietnam.

2.2.3.4 Gründe und Hintergründe

2.2.3.4.1 Soziale Herkunft der Amokläufer

Frühe Berichte (Ellis (1893), Metzger (1887), Fitzgerald (1923), Spores (1988)) und soziologische Untersuchungen der letzten Jahrzehnte in Malaysia (Carr und Tan (1976)), Ostmalaysia (Schmidt et al. (1977)), Indonesien (Kline (1963)) und Laos (Westermeyer (1973a)) zeigten, daß es sich bei den Amokläufern fast ausschließlich um Männer zwischen dem 20. bis 50. Lebensjahr handelte. Frauen waren selten oder nie Täter (Murphy (1982), Spores (1988)). Gehäuft fanden sich Angaben, daß die Täter meist aus Bauern- oder Arbeiterfamilien aus ländlichen Gegenden stammten, nur ein niedriges Bildungsniveau hatten und aus beruflichen Gründen oder aufgrund des Militärdienstes häufig weit entfernt von ihrer Familie und ihrer Heimat lebten (Westermeyer (1973 b), Murphy (1982), Spores (1988)). Möglicherweise geht es dabei um eher neuzeitliche Trends; ältere Kasuistiken beschrieben Amok auch bei hochrangigen Personen bis hin zu Prinzen. Teoh (1972) konnte zeigen, daß moderne malaiische Amokläufer zunehmend im städtischen Umfeld tätig werden und daß früher beschriebene ethnische und religiöse Grenzen verschwunden sind.

2.2.3.4.2 Motive

Die Motive für individuelle Amokläufe waren und sind offenbar sehr vielfältig und betreffen alle denkbaren problematischen Aspekte des Lebens. Wie bei militärischem Amok ging es aber vornehmlich um Situationen, bei denen die Ehre in Gefahr war oder subjektive Ausweglosigkeit vorherrschte. Frühe Autoren beschrieben eher monokausale Motive und Gründe. Niclo Conti (Hakluyt Society (1857)) erwähnte im 15. Jahrhundert amokähnliches Verhalten erstmals im Zusammenhang mit Schulden und drohender Sklaverei, Duarte Barbosa (1866) dagegen als Dank an die Götter für Genesung. Sir Henry Middelton (Hakluyt Society (1943)) beschrieb Amok in Java als dem Suizid analoge Handlung, die zu hoher Achtung des Täters führte. Raffles (1817) meinte, daß die deshalb zur Erniedrigung der Amokläufer eingeführten drastischen niederländischen Strafen – aber auch die für andere, nur geringfügigere Vergehen – Amok erst heraufbeschworen hatten.

Oxley (1849) und Metzger (1887) fanden Eifersuchts- und sonstige Partnerschaftsprobleme typisch, Ellis (1893) beschrieb Trauer bei Todesfällen als auslösend, Kon (1994) Konflikte mit Autoritäten bis hin zu einer politischen Protesthaltung gegenüber Herrschern als ultima ratio etc. Öfter aber lassen sich über durchgängig fehlende Begründungen der überlebenden Täter – abgesehen von Besessenheitszuständen aller Art – hinaus auch faktisch keine auslösenden Ursachen angeben.

2.2.4.3 Culture-Bound-Syndrom

Die Bedeutung des religiös-kulturellen Hintergrundes bei Amok ist ethnopsychiatrisch Gegenstand anhaltender Kontroversen (Simon und Hughes (1985), Kon (1994)). Verkürzt geht es um die prinzipiellen Fragen, ob Amok ein spezielles, an die malaiische Kultur gebundenes, letztlich gesellschaftskonformes Verhalten ist (Carr (1985), Tan und Carr (1977)) oder ob Amok ubiquitär ist (Arboleda-Florez (1985), Burton-Bradley (1968), Hatta (1996)) und dabei auf üblichen Krankheitsbildern beruht, die lediglich pathoplastisch durch kulturelle Einflüsse überformt werden (Baechler (1975), Yap (1969), Teoh (1972)).

Zur Stützung der von Zeitzeugen um die Jahrhundertwende häufiger vertretenen Auffassung, Amok sei ein spezielles, an die malaiische Kultur gebundenes Syndrom, entwickelten Tan und Carr (1977) und Carr (1985) unter modernen ethnobehavioristischen Gesichtspunkten ein besonders differenziertes Modell, das verkürzt auf das Scheitern eines sozialen Gratifikations- und Sanktionssystemes hinausläuft. Demzufolge wurde in der malaiischen Kultur in besonderer Weise Ehrbarkeit (Halus) positiv verstärkt, die Zurückhaltung, Freundlichkeit und Vermeidung aller negativen Emotionen verlangte. Erfüllte jemand diese Kriterien nicht, mußte er mit gesellschaftlicher Ächtung (kasar) rechnen. In psychosoziale oder ökonomische Krisen gerieten, blieben Malaien kaum emotionale Ausdrucksmöglichkeiten, es sei denn, sie wollten schwerwiegenden Ehrverlust erleiden. Lee (1981) betonte in diesem Zusammenhang die besondere Bedeutung der Scham und die besondere Stellung der Beschämung in der malaiischen Erziehung. Der Amoklauf habe mit seiner Attribuierung als »Besessenheit« im Sinne eines übernatürlichen Zustandes ein sozial akzeptiertes Ventil für Zustände extremer innerer Anspannung dargestellt, das zwar alle Konsequenzen eines erweiterten Suizids in sich trug, aber die Ehre rettete (Wulfften-Palthe (1933), Lee (1981)). Suizid gilt zudem nach dem Koran als inakzeptables Verhalten; vorherrschende Religion war und ist der Islam mit einem naturreligiös-hinduistischen Hintergrund.

Die Bedeutung des Amoks als ein kulturspezifisches Äquivalent zum europäischen (erweiterten) Suizid wird schon von Sir Henry Middelton während seiner Reise 1604–1606 (Hakluyt Society (1943)) beschrieben. Diese Einschätzung läßt sich durchgehend nachweisen: Amok soll unter den Javanesen als Suizid analoge Handlung zu hoher Achtung des Täters geführt haben (Clifford (1897), Gimlette (1901)) und wird auch von modernen Autoren (Ellenberger (1965), Baechler (1975)) zustimmend diskutiert. Auch Baechler (1975) betont die Ritualisierung des Vorganges; jede Phase des Ablaufs inclusive eigener Tod sei im kulturellen Kontext klar festgelegt. Damit übereinstimmend sollen im malaiischen Raum die Suizidquoten besonders niedrig sein (Gimlette (1901), Kline (1963)).

Die von Carr (1985) komplex begründeten, aber vielfach beschriebenen nationalen Charaktereigenschaften wie besondere emotionale Zurückhaltung, Kränkbarkeit und Neigung zu expressiven Reaktionen wurden ebenfalls recht durchgehend beschrieben (z. B. van Brero (1897), Schmidt et al. (1977), Spores (1988)).

Andererseits zeigten Tan und Carr (1977) selbst in eigenen empirischen Untersuchungen, daß über die Hälfte ihrer heutigen Amokläufer entweder psychisch krank oder mit der Amoktradition nicht vertraute Täter anderer Ethnien waren. Andere Autoren (z. B. Schmidt et al. (1977)) beschreiben noch höhere Anteile von klassischen psychiatrischen Diagnosen. Die angegebene Kulturgebundenheit könnte damit nur für eine kleinere Subgruppe der Amokläufer zutreffen.

Exkurs: Amoklauf in anderen historischen Kulturen

In der transkulturellen Psychiatrie werden amokähnliche Verhaltensweisen zwar unter der Bezeichnung eines Culture-Bound-Syndromes beschrieben, aber nicht im Sinne von Carr als einmaliges kulturspezifisches Verhalten verstanden. Zumeist werden sie diagnostisch in gebräuchliche Kategorien wie Hysterie oder psychogene Psychose eingeordnet. Ohne immer die Gefährlichkeit des Amok zu erreichen, geht es um sehr ähnliche Handlungen.

Das praktisch nur bei Frauen vorkommende »Latah« in Malaysia (Meth (1974)), die »Whitico-Psychose« der Eskimos (Meth (1974)) und die »Arctic-hysteria« in Sibirien (Connor (1970), van Loon (1927)) äußerten sich im wesentlichen durch motorische Erregungen und Stereotypien und waren i. R. lediglich gegen Sachen bzw. gesellschaftliche Normen gerichtet (Cooper (1934)). Auch bei Männern gibt es bis heute solche weniger gewalttätigen Formen wie z. B. das »wild pig« bzw. »wild man« in Papua Neuguinea (Langness (1965, 1967), Newman (1964)).

Burton-Bradley (1968) fand keine wesentlichen Unterschiede bei neuguineaischen und malaiischen Amokläufen in der Direktbeobachtung. Es ging dabei um amoknahes Verhalten wie z. B. das »negri, negri« der Bena im heutigen Papua Neuguinea, die als besonders aggressive Rasse gelten. Amokähnliches Verhalten bei »coolies« wurde in Trinidad beschrieben (van Brero (1897)). Baechler (1981) klassifizierte das »crazy dog« der Krähenfußindianer als amokähnliche Verhaltensform, die allerdings nur dem Clan-Gegner galt, aber mit Selbsttötungsabsichten verbunden war: Eine individuelle, aber gezielt kriegerische Amokform. Der »Berserkergang« der nordischen Völker scheint auch von der historischen Entwicklung her in die Reihe der Amokläufe einordbar (Kloss (1923), Fabing (1956)). Im Glossar über kulturabhängige Syndrome des DSM-IV (DSM-IV (1996)) wird Amok das polinesische »cafard«, das portorikanische »mal de pelea« sowie das »iich'aa« der Navajos und ein analoges Verhalten aus Papua-Neuguinea an die Seite gestellt. Einzelne Forscher (z. B. Cohen (1954), Connor (1970), Cooper (1934), Teoh (1972)) summieren ganze

Listen analoger Verhaltensweisen auf, so daß letztlich der Eindruck entsteht, daß Amok zwar im malaiischen Archipel besonders prägnant und insofern namengebend war, interkulturell keinesfalls aber eine Ausnahmestellung inne hat. Burton-Bradley (1968) und Teoh (1972) leiteten daraus ab, daß Amok kein kulturspezifisches Verhalten wäre und sahen besonders enge Parallelen zu Amoktaten in westlich akkulturierten Ländern.

2.2.3.4.4 Psychiatrische Erkrankungen

Die ersten europäischen Beschreiber des kriegerischen Gruppen- und individuellen Amoks ab dem 15. Jahrhundert beschrieben Amokläufer aus schlichtem Alltagsverständnis heraus als verrückt (Spores (1988)). Letztlich mögen auch die kulturell bedingten Besessenheitsvorstellungen nur Verdeutlichungen dessen sein, was nicht anders verständlich gemacht werden kann; Krankheitskonzepte im medizinischen Sinne dürften damit kaum verbunden gewesen sein. Erste psychiatrische Untersuchungen zum Amok im malaiischen und dem angrenzenden südostasiatischen Raum liegen bereits aus der Mitte des letzten Jahrhunderts vor. Heute ungewohnte Krankheitskonzepte mit Diagnosen wie z.B. »flüchtige psychopathische Minderwertigkeit« (van Brero (1897)), »spezifisch malaiisch gewalttätige Psychosen« (Dennys (1894)) und »psychische Epilepsie« (Ellis (1893)), »epileptischer, traumähnlicher Zustand« (Kraepelin (1904)) überwogen und machen heute eine Interpretation schwer.

Kraepelin schuldigte u. a. auch »Katatonien« im Sinne der modernen Diagnose Schizophrenie an. Kasuistisch wurde dies bestätigt; Tan (1965) berichtet von fünf Fällen, bei denen alle Amokläufer diese Erkrankung hatten. Affektive Störungen im Sinne einer unspezifischen »Melancholie« werden erstmals von Oxley (1849) und 1880 vom Sultan von Perak (Teoh (1972)) als typische psychische Ursache erwähnt. Manien wurden öfter angeschuldigt. Nosologisch unspezifische depressive Rückzüge im Vorfeld des Amok gelten fast allen Beschreibern als typisch.

Amokläufe im Rahmen exogener Psychosen allgemein und speziell bei Malaria (Ellis (1893), Fitzgerald (1923), Kraepelin (1904)) und Neurosyphilis (van Brero (1897), van Loon (1927)) wurden ebenfalls früh beschrieben. In die Gruppe der körperlich begründeten Psychosen gehören auch Epilepsie (z. B. Kraepelin (1904)), soweit sie damals bereits als organische Hirnfunktionsstörung begriffen wurden, sie waren aber seinerzeit von psychogenen Zuständen nicht sicher zu unterscheiden.

Intoxikationen wurden bereits früh angeschuldigt, blieben in ihrer Bedeutung aber strittig. Spores (1988) fand in Quellen aus dem 15. und 19. Jahrhundert direkte Hinweise für Opiumeinwirkungen. Sie wurden kontrovers als konstellierende Faktoren diskutiert (van Brero (1897), Fitzgerald (1923), Spores (1988)), Cannabisabusus gelegentlich erwähnt (Fitzgerald (1923), Spores (1988)). Fitzgerald führte die – seines Erachtens falsche – Assoziation von Amok mit Opium und Cannabis auf die Sekte der Assassins zurück. Deren Führer Hassan gaukelte seinen Anhängern mit entsprechenden Rauschzuständen vor, über einen Zugang zum Paradies zu verfügen. Darauf gestützt forderte er unbedingten Gehorsam incl. Freitod in amokähnlichen kriegerischen Handlungen ein. Opiatentzüge sollten medizinisch gesehen eher als direkte Wirkungen zu aggressiven Impulsdurchbrüchen führen können.

Alkoholismus oder -folgen wurden zwar gelegentlich erwähnt, spielten aber im islamischen Kulturbereich keine wesentliche Rolle (van Brero (1897), Fitzgerald 1923)). Heute soll er durch veränderte gesellschaftliche Einstellung zum Alkohol an Bedeutung gewonnen haben (Westermeyer (1973 a)).

Oxley (1849) und Ellis (1893) betonten früh den erlebnisreaktiven Hintergrund des Amoklaufs, wobei nicht immer die Belastungen als spezifisch angesehen wurden, sondern die Reaktionen auf den Hintergrund von Persönlichkeitsstörungen (Galloway (1923)). Rasch (1895)) sprach früh von hysterischen Syndromen. Die Frage der »Normalität« der nicht psychotisch kranken malaiischen Amokläufer ist bereits im Zusammenhang mit dem Konzept des »Culture-Bound-Syndrom« diskutiert worden. Es ist klar, daß kulturell bedingtes Verhalten in anderem sozialen Kontext mit der Diagnose einer Psychopathie verbunden werden kann. Murphy (1982) sprach z. B. in diesem Zusammenhang von narzißtischen Störungen. Die Bedeutung von Persönlichkeitsfaktoren wurde unbeschadet der Kontroverse über deren Entstehung allgemein akzeptiert. Bis zur Jahrhundertwende wurden malaiische Amokläufer – kulturell begründet oder als rassische Eigenschaft betrachtet – häufig mit polaren Eigenschaften wie wehrhaft, rigid, impulsiv, kränkbar, aber auch ängstlich, überangepaßt und sehr zurückhaltend belegt (von Brero (1897), Metzger (1887), Rasch (1895), Spores (1988)).

Über diese zumeist kasuistisch begründeten, stark divergierenden Auffassungen hinaus könnten drei größere, in den letzten Jahrzehnten vorgelegte Untersuchungen weiterführen. Sie kamen jedoch in Hinblick auf die Bedeutung verschiedener psychiatrischer Erkrankungen bzw. Persönlichkeitsstörungen zu sehr unterschiedlichen Ergebnissen. Schmidt et al. (1977) analysierten insgesamt 24 Amokläufe mit überlebenden Tätern. In 9 Fällen fanden sie manifeste Schizophrenien, in 5 affektive Psychosen; je 3 Täter waren hirnorganisch krank oder litten an einer Paranoia, in jeweils einem Fall ging es um eine paranoide Reaktion bzw. paranoide Persönlichkeitsstörung, und 2mal wurde eine Angsterkrankung diagnostiziert. Die Psychotiker waren bei dieser Studie mit einer durchschnittlichen Todesopferzahl von 1,25 Toten am gefährlichsten.

Carr (1976) hingegen fand bei 21 überlebenden und hospitalisierten Amokläufern nur 5 Psychotiker. Am gefährlichsten waren in seinem Sinne psychisch »gesunde«, mit der Amoktradition vertraute malaiische Amokläufer. Die mit durchschnittlich 41 Jahren ältesten Täter begingen mit durchschnittlich 4,3 Toten pro Tat die schlimmsten Amokläufe. Die durchschnittlich 5 Jahre jüngeren psychotischen Amokläufer töteten im Mittel »nur« 2,2 Menschen. Westermeyer (1973 a) untersuchte 20 Amokläufe in Laos. Nur ein Täter litt an einer Psychose, aber 15 Amokläufer waren zur Tatzeit intoxikiert. Bei insgesamt 10 Amokläufern lagen von der Umgebung nicht unbedingt als krankhaft eingeschätzte soziopathische Verhaltensstörungen oder Emotionslabilität vor. In insgesamt 18 Fällen waren Handgranaten Tatwaffe. Tatorte waren jeweils öffentliche Plätze bzw. große Feiern, so daß mit durchschnittlich 4,2 Toten und 6,2 Verletzten viele Menschen der Tat zum Opfer fielen.

Letztlich lassen sich daraus nur insofern Folgerungen ableiten – abgesehen von dem überdeutlichen Problem der zu kleinen Fallzahlen – als daß die Täter aus einem größeren Spektrum psychiatrischer Diagnosen stammen, das von schweren Psychosen bis hin zu kaum noch als krankhaft zu bezeichnenden fraglichen Persönlichkeitsstörungen mit Übergängen zum Normalen reicht; letztere aber eher selten zu sein scheinen.

2.2.4 Kommentar

Wurzel des Amoklaufs könnte primär ein kriegstaktisches Verhalten gewesen sein, bei dem sich in Südindien und im malaiischen Archipel insgesamt eine besondere, religiös und sozial hervorgehobene Elite unter den Soldaten zum bedingungslosen Kampf unter Inkaufnahme ihres Todes verpflichtete, wie man es heute von bestimmten Gruppen japanischer Kampfflieger (»Kamikaze«), der Waffen-SS (»Todesschwadron«) und aus anderen totalitären Systemen und bei Befreiungsbewegungen als eher individuelle »Selbstmord-Kommandos« kennt. Das Verschwinden dieser Kriegs- und Kampftaktik, die noch lange bei Piraten verbreitet gewesen sein soll, dürfte durch den politischen Wandel – insbesondere der Kolonialisierung – bewirkt worden sein.

Fraglich erscheint jedoch, ob es dabei zu einer allmählichen Verlagerung zum individuellen Amok kam, oder ob nicht zumindest in Malaysia die kriegerische und individuelle Form von vornherein koexistierten. Daran schießen auch Diskussionen an, ob individueller Amok nur im malaiischen Archipel vorkam oder ein transkulturelles Phänomen ist: Amok scheint für die meisten Autoren nicht an eine spezielle Kultur gebunden zu sein – in der Tendenz aber scheinen kriegerische Völker und Gesellschaften eher dazu zu neigen.

Wichtiger ist wohl festzuhalten, daß individueller und gruppengebundener Amok weitgehend übereinstimmend so etwas wie eine erweiterte Selbstmordhandlung darstellen. Die Suizidintention kann dabei vom unausweichlich sicheren Tod bis hin zum billigend in Kauf genommenen Risiko reichen. Der Tod als festes Ziel kann sich z. B. im individuellen Selbstmord oder letzten Angriff auf übermächtige Gegner darstellen, das suizidversuchsnahe »Gottesurteil« durch den Amoklauf selbst, der zum »Vogelfreien« macht oder in Gruppen im Einsatz als letzte, vielleicht kriegsentscheidende Reserve. Bei beiden bleibt eine Chance auf ein Überleben danach; im Falle des Gruppenamok verbunden mit der Chance auf materiellen und sozialen Gewinn, beim individuellen wohl nur die auf einen ideelen Heldenstatus. Überlebende individuelle Amokläufer wurden zumeist getötet oder versklavt: Spätestens da enden die Übereinstimmungen zwischen individuellem Amok und Gruppenamok und die Frage entsteht erneut, was denn der individuelle Amokläufer davon hatte oder was ihn dazu treibt.

Die Antworten sind sehr unterschiedlich. Es scheint ein Spektrum zu geben, das bei glaubensbedingt sinnvollen Handlungen beginnt und bei eindeutig sinnlosen, krankhaften Wahnvorstellungen und Realitätsverkennungen endet. Autoren die sich für sozio-kulturelle Aspekte interessieren, beschreiben dann eher Handlungen, die in diesem Kontext als »Culture-Bound-Syndrom« sinnvoll sind und – darin wieder Gruppenamok ähnlich – sich um Fragen der Ehre in ausweglosen Situationen drehen. Daran schließt mit fließenden Übergängen ein »psychopathisches« Segment an, dessen Attribuierung als »krank« mit Eigenschaften wie kränkbar, impulsiv, emotional zurückhaltend etc. eher relativ ist. Diese Persönlichkeiten sind dann durch spezifische Belastungssituationen überfordert und reagieren entsprechend. Was immer auch einzelne Autoren an Motiven für wichtig und typisch halten: Es scheint alles Denkbare möglicher Auslöser zu sein. Der Gewinn mag darin bestehen, das jenseitige Leben vor der Verdammnis gerettet und das diesseitige Ansehen bewahrt zu haben, weil Selbstmord an sich religiös strikt abgelehnt wird. Endemische Häufungen legen den Verdacht nahe, es gäbe dabei einen »Werther«-Effekt, wie er für Suizid beschrieben wurde.

Schließlich wird mit sehr unterschiedlicher Häufigkeit über eindeutige exogene und endogene Psychosen berichtet, bei denen sich die Frage nach sinnvollem Handeln und Motiven nur noch begrenzt stellt.

Um dieses Spektrum von Diagnosen herum könnten sich auch die unterschiedlich angegebenen psychosozialen und victimologischen

Konstellationen anordnen lassen, ohne daß dies von den Autoren tatsächlich geleistet wurde. Die wenigen empirischen Studien sind sehr klein, an sehr unterschiedlichen Orten und mit unterschiedlichen Methoden durchgeführt worden, so daß die widersprüchlichen Ergebnisse nicht verwundern. Selbst Fragen nach Häufigkeiten, Risikogruppen etc. konnten nicht übereinstimmend beantwortet werden. Klar scheint nur soviel: Auch wenn viele Autoren »ihren« Amokläufer für typisch halten, in der Zusammenschau gab es und gibt es »den« Amokläufer nicht. Die Täter vereint nur eine phasenhafte, sehr ähnlich ablaufende, impulsiv homicidal-suicidale Handlung.

2.3 Amokähnliche Handlungen im europäisch-amerikanischen Kulturraum

2.3.1 Übersicht

Die Begriffe »Amok« und »Amoklauf« sind in westlich akkulturierten Ländern trotz weiter Verbreitung keine juristischen, psychiatrischen oder psychologischen Termini, so daß, anders als beim malaiischen Amok, keine in sich geschlossene Literatur existiert. Bezüglich kriminologisch-juristischer Literatur suchten wir nach Massenmorden unter Ausschluß von Serienmorden, politisch und religiös motivierten Taten.

Psychiatrisch war die Suche noch schwieriger. Das »Diagnostische und Statistische Manual« (DSM) der American Psychiatric Association nennt als seltene Verhaltensstörung »intermittierende« und »isolierte explosible Störungen« (DSM-III 312.35), die Forschungsausgabe (DSM-III-R) und die aktuelle Version nur noch »intermittierende explosible Störungen« (DSM-IV 312.34).

Unter »explosiblen Störungen« werden abrupte, aggressive Impulskontrollverluste mit schwerer Gewalttätigkeit verstanden, die im groben Mißverhältnis zum auslösenden psychosozialen Belastungsfaktor stehen und denen keine sonstigen Erkrankungen zugrunde liegen. Das breite Spektrum der Ausschlußdiagnosen wiederholt paradoxer Weise die beim malaiischen Amok genannten Syndrome bzw. nosologischen Kategorien wie schizophrene, affektive und hirnorganische Erkrankungen und Persönlichkeitsstörungen vom dissozialen, narzißtischen oder u. a. Borderline-Typ.

In der Diskussion um den malaiischen Amok wurden so wichtige Störungen per Definition ausgeschlossen, obwohl die eigentliche Intention der DSM-III/IV Versionen – frei von nosologischen Vorverständnissen Syndrome und Störungen zu erfassen – sonst besser umgesetzt wurde und man im Falle der »explosiblen Störungen« eine besondere Chance verpaßte: Als wäre das Vorliegen einer der Ausschlußdiagnosen Grund genug für amokähnliches Verhalten. Die Problematik der weitgehenden Ausschlüsse zeigten bereits erste Untersuchungen zu »explosiblen Störungen«. Sie wurden mit 2% häufig, aber lediglich als Restkategorie bei allen möglichen impulsiv-aggressiven Verhalten verschlüsselt (Monopolis (1983)).

Das aktuell noch gültige 9. Internationale Klassifikationssystem für Krankheiten der World Health Organisation (ICD 9) kennt keine annähernd so spezielle diagnostische Kategorie. Erregungszustände (ICD 9: 298.1), akute paranoide Reaktionen (ICD 9: 298.3) und kurze reaktive Psychose (ICD 9: 298.0-1) dürften am ehesten in Frage kommen. Die gerade in Einführung befindliche ICD 10 führt Amok unter kulturspezifischen Störungen auf, deren Eigenständigkeit jedoch bezweifelt wird und schlägt als Kodierung eine »sonstige näher bezeichnete Persönlichkeits- oder Verhaltensstörung« vor (ICD 10: F 68 z. B. F 68.1 oder 68.8).

Die Literaturrecherche mußte in dieser Situation über alle deliktischen, syndromalen und nosologischen Grenzen gehen, ohne dabei, wie sich leider zeigte, bezüglich amokähnlicher Verhalten besonders ergiebig zu werden. Sie galt Verhaltensweisen, wie sie von der Art und Ernsthaftigkeit beim Amok der Malaien beschrieben wurden und den »explosiblen Störungen« des DSM-III/IV nahestehen, ohne die Ausschlußdiagnosen zu beachten. Das gefundene Spektrum umfaßte alle selbst- und fremdgefährdenden, impulsiven und tateinheitlichen Gewalttaten von Massenmorden, Handlungen mit Todesfolgen, bis hin zu der bloßen Angst, Amok zu laufen und diagnostisch das gesamte Spektrum psychiatrischer Syndrome. Begrenzungen fielen schwer, weil sich im Zusammenhang mit weniger schweren und sehr viel häufigeren Taten/Verhalten die umfangreichste und gesichertste Literatur fand. Deren vollumfängliche Darstellung hätte den Rahmen des Buches gesprengt. Auf Grund der historisch unterschiedlichen diagnostischen Traditionen zwischen z. B. Deutschland und Amerika wurde die Literatur entsprechend geordnet.

2.3.2 Deutschsprachige Literatur

Die deutschsprachige psychiatrische Literatur vor und nach der Jahrhundertwende war reich an Kasuistiken über Massenmörder. Aus diesen Kasuistiken ragte der Fall des Hauptlehrers Wagner heraus, der weltweites Aufsehen erregte (Gaupp (1938)) und noch heute diskutiert wird (Neuzner (1996)). Er galt und gilt als Prototyp des paranoiden Mörders (Groß (1936)) und wahnkranken Amokläufers im europäisch-amerikanischen Kulturraum (Bruch (1967), Böker und Häfner (1973), Middendorf (1984), Neuzner (1996)).

> Hauptlehrer Wagner wurde vor seiner Tat als stiller, höflicher, hervorragend begabter und qualifizierter Lehrer eingeschätzt, der allenfalls angetrunken Größenideen und eine gewisse Menschenverachtung durchblicken ließ. Nach einem friedlich verbrachten Abend erstach er im Morgengrauen des 03.09.1913 seine Ehefrau und vier Kinder, fuhr scheinbar kaltblütig nach Mühlhausen/Enz, zündete dort gegen Mitternacht Scheunen und Häuser an – u. a. die seiner Schwiegerfamilie – und erschoß im Schein der Flammen weitere neun Menschen und verletzte elf zum Teil schwer. Er wurde schließlich, selbst schwer verletzt, überwältigt.
>
> In seiner Autobiographie hatte er vorher den Tatplan dargestellt, der in der Schreckensnacht noch nicht zu Ende gebracht worden war: Er wollte weiter zu seinem Geburtsort fahren, auch diesen in Brand stecken, die Familie des Bruders töten, anschließend das Ludwigsburger Schloß anzünden und dabei mit der Herzogin gemeinsam in den Flammen umkommen (Neuzner (1996)).
>
> Im Mittelpunkt des paranoischen Wahnsystems stand eine über 10 Jahre lang zurückliegende sodomistische Handlung unter Alkoholeinfluß, über deren faktischen Ablauf er nie sprach und von der keiner etwas ahnte – wenn sie denn überhaupt stattgefunden hatte. Wagner war aber wahnhaft davon überzeugt, daß die Einwohner der Stadt Mühlhausen von der Handlung wußten, darüber heimlich hinter seinem Rücken spotteten und seine Schande verbreiteten. Er kämpfte jahrelang mit seinem Tatentschluß. Schließlich realisierte er den u. a. durch Schießübungen vorbereiteten Plan, ohne daß ein entscheidendes letztes auslösendes Ereignis bekannt wurde.

Wagner litt nach Auffassung Gaupps und Wollenbergs an einer Paranoia, Bleuler diagnostizierte eine blande verlaufende Schizophrenie. Die Erkrankung führte zur Exkulpation und lebenslänglichen Unterbringung in einem psychiatrischen Krankenhaus. Die wissenschaftliche Bedeutung des von Gaupp bis an sein Lebensende nachverfolgten Wagner liegt im wesentlichen in der Analyse des Entstehungsmechanismus des Wahnsystems, bei dem konstitutionelle Momente im Sinne der Degeneration, Charaktereigenschaften wie verschlossen, starr, sensibel und kränkbar und eine beschämende auslösende Ursache interaktiv auf dem Hintergrund eines besonderen (sexualfeindlichen) sozialen Milieus zusammengewirkt haben sollen.

Wetzel (1920) beendete die Phase der kasuistischen Bearbeitung durch eine erste statistische Aufarbeitung von Massenmorden des letzten Jahrhunderts. Er ging dabei nicht von einer Amokdefinition im engeren Sinne aus, die Durchsicht seiner Kasuistiken ließ jedoch erkennen, daß das Moment von außen gesehen raptusartiger, scheinbar sinnloser Mordtaten fast regelmäßig erfüllt war und er ähnliche Ausschlußdiagnosen berücksichtigte. Wichtigstes Ergebnis war, daß von 119 analysierten Massenmorden 82 (69%) von Geisteskranken (Schizophrene, Zyklothyme, Epileptiker u. a.) begangen wurden und nur 37 (31%) von als »geistesgesund« bezeichneten Tätern, bei denen aus heutiger Sicht intellektuelle Behinderungen und Psychopathien überwogen. Noch heute erscheint seine Analyse der Täter-Opfer-Beziehung und deren Beziehung zur Diagnose gültig: Eigene Kinder waren bevorzugte Opfer (34%), gefolgt von Fremden (20%), Gatten und Kinder (18%) und nur Verwandte (9%). Tötungen der Primärfamilie mit nachfolgender Tötung fremder Menschen (8,4%), Verwandter (7 Fälle) und Bekannter (3,4%) waren seltener.

Häufigster Tätertyp war unter Berücksichtigung der Erkrankung, Deliktart und Täter-Opfer-Beziehung bei den reinen Kindermördern die »geistesgesunden« Frauen, die im Sinne eines erweiterten Suizides handelten. Alle als depressiv diagnostizierten Patienten, aber auch viele Schizophrene, Epileptiker und andere, an untypischen Psychosen erkrankte Patienten des Kollektivs begingen Kindstötungen. Tötungen von Ehegatten und Kindern gleichzeitig wurden fast nur von Männern begangen und ereigneten sich diagnoseunabhängig ebenfalls häufig im Rahmen eines erweiterten Suizids. Die Ausweitung des Kindes- bzw. Familienmordes auf Verwandte bzw. Nichtverwandte wurde fast ausschließlich von Männern mit Epilepsie und Paranoia begangen. Die ausschließliche Ermordung entfernter Verwandter hatte dagegen keinen suizidalen Hintergrund, sie wurde überwiegend von schizophrenen Männern begangen. Fremde wurden zumeist von Epileptikern und Schizophrenen angegriffen.

Wetzel vertrat die Auffassung, daß sich die unvermittelt anmutenden Tötungsdelikte schizophrener bzw. paranoider Patienten aus der Spannung zwischen Wahnwelt und Realität entwickeln, Schipkowenski (1938) sah eine allen Menschen zur Verfügung stehende »Mordfähigkeit« als ursächlich an und Willmans (1940) vermutete krankheitsbedingte Tötungsimpulse.

Aus neuerer Zeit lagen nur wenige Beschreibungen amokähnlicher Verhaltensweisen (Kosyra (1965), Kiehne (1966)) vor. Mende (1969) machte auf die Verwendung des Pkws bei Amokfahrten im Rahmen des erweiterten Suizids aufmerksam. Witter (1972) erwähnte Amoklaufen als Form eines psychogenen Ausnahmezustandes, der in einer Bewußtseinseinengung auf einen ganz bestimmten, nachvollziehbaren Inhalt bestünde und in der Handlungskonsequenz final ausgerichtet wäre. Middendorf beklagte den mangelhaften Kenntnisstand über Amokläufe (1984) insgesamt. Aus unserer Arbeitsgruppe wurden bisher 3 Arbeiten zu diesem Thema veröffentlicht (Schünemann (1992), Adler et al. (1993), Adler et al. (1994)), die Teile der hier dargestellten Ergebnisse präsentierten.

Flügge (1985) beschäftigte sich als eine von insgesamt 2 gefundenen Arbeiten überhaupt mit der Betreuung der Opfer nach einem der nicht seltenen Überfälle auf Schulklassen.

Exkurs: Geisteskranke versus gewöhnliche Gewalttäter

Ein Erbe der kasuistischen Ära der Psychiatrie mit der Sammlung von Extremfällen – gleichzeitig eine Zeit geringer therapeutischer Möglichkeiten – dürfte sein, daß es bis heute in der Vorstellung der Allgemeinheit eine enge Verbindung von psychischer Krankheit mit extremer Unberechenbarkeit und Gefährlichkeit gibt. In Deutschland gingen Böker und Häfner (1973, 1991) in ihrer »Untersuchung zu Gewalttaten Geistesgestörter« der Frage nach, ob sich nach Einführung moderner Behandlungsmethoden anhand objektiver Daten das Stereotyp des gefährlichen Geisteskranken objektivieren lasse. Im Ergebnis konnte die Frage verneint werden. Geisteskranke werden nicht häufiger zu Gewalttätern als Geistesgesunde auch, zudem haben einmal zu Tätern werdende psychisch Kranke eine deutlich bessere Prognose (Leygraf (1994), Adler (1998)).

Psychisch kranke und normale Gewalttäter unterschieden sich trotz des nicht erhöhten Gewalttatrisikos in wichtigen Einzelfaktoren. Schünemann (1992) stellte einige wichtige Unterschiede zusammen, die aus Gründen der Vergleichbarkeit auf deutsche Verhältnisse begrenzt waren.

Psychisch kranke Gewalttäter waren unter deutschen Verhältnissen zum Tatzeitpunkt im Median ca. 35 Jahre alt, normale Täter ca. 10 Jahre jünger. In der Gewalttäterstichprobe aus den Jahren 1969 und 1981 von Rode und Scheld (1986) entstammten nur 25% der Täter unbelasteten sozialen Verhältnissen, während Böker und Häfner bei 80% ihrer psychisch kranken Gewalttäter unauffällige primär-familiäre Verhältnisse vorfanden. Unterschiedslos waren bei beiden Gruppen etwa ⅓ wegen Taten gegen Leib und Leben vorbestraft und ca. ¼ der Täter arbeitslos. Die psychisch kranken Gewalttäter von Böker und Häfner begingen in knapp 50% der Fälle Tötungen, darunter auch in 3,6% Tötungen von zwei und mehr Personen. 60% der normalen Gewalttäter von Rode und Scheld töteten bei ähnlicher Gewalttatdefinition eine Person, 9% hatten zwei und mehr Opfer. Eindeutige Unterschiede fanden sich hinsichtlich der Opferwahl. Geisteskranke fanden ihre

Opfer vornehmlich in der Primärfamilie (Böker und Häfner (1973), Lanzkron (1963)), normale Gewalttäter eher im Kreis von Intimpartnern und Bekannten (Rode und Scheld (1986)). Besonders eindrucksvoll war, daß zumeist depressive Frauen ihre Kinder zum Opfer nehmen (61,8%), während Männer in abnehmender Häufigkeit Freunde und Bekannte (28%), Intimpartner und Ehefrauen (25,1%) und Verwandte (19,3%) angriffen. Böker und Häfner referierten aus der Literatur Arbeiten, die Prozentränge bis zu 75% der Opfer aus dem engeren Familienkreis nachwiesen. Sie verglichen bezüglich des Motives ihre Daten mit Ergebnissen von Rangoll im Auftrage des Statistischen Bundesamtes; gegenüber gewöhnlichen Gewalttätern bestanden einige Unterschiede: Ca. 80% der gesunden Gewalttäter und nur 20% der psychisch kranken Gewalttäter hatten typisch kriminelle Motive wie Bereicherung, Verdeckung einer Straftat bzw. Strafverhinderung. Kranke Gewalttäter handelten häufiger unter dem Eindruck von Affekten wie Rache (38,1% gegenüber 6,3% bei gesunden Gewalttätern) oder Eifersucht (14,8% gegenüber 6,7%). Tötungshandlungen im Rahmen eines erweiterten Suizides waren bei Geisteskranken (13,4%) zwar häufiger als bei Geistesgesunden (5%), aber in beiden Gruppen selten (vgl. Kapitel 2.3.3.3). Geplant-vorbereitete Gewalttaten – zumeist gegen Kinder i. R. eines erweiterten Suizides gerichtet – waren nur für Depressive typisch. Sie zeigten andererseits, daß etwa die Hälfte der Gewalttaten psychisch Kranker impulsiv und davon wiederum die Hälfte ohne äußeren Anlaß geschahen.

Die Autoren gingen weiterhin der Frage nach, welche Faktoren psychisch kranke Rechtsbrecher von nichtstraffälligen psychisch Kranken unterscheiden. Die Täter waren aktiver, kämpferischer bzw. suizidal, während die Nichttäter zurückgezogener bzw. autistischer wirkten.

2.3.3 Angloamerikanische Literatur

In der angelsächsischen psychiatrischen Literatur gab und gibt es eine umfangreiche und kontroverse Diskussion um die Beziehung zwischen Mord, Impulskontrollverlust und psychischer Störung. Im Mittelpunkt stand der Werthamsche Begriff der »katathymen Krise« (Wertham (1937, 1978)) bzw. der »catathymic attack« (Revitch (1964)), der inhaltlich in die »explosiblen Störungen« (DSM-III/IV) aufging. In weitgehender Übereinstimmung mit den klassischen Amokbeschreibungen und den Kriterien der »explosiblen Störung« nannten Weiss et al. (1960) und Blackman et al. (1963) entsprechende Personen »sudden murderer«. Simon (1987) schlug für amokähnliche, von ihm »berserk/blind rage« genannte Zustände die Diagnose »dissoziative Störung« vor, weil die tatbegleitende Amnesie die Patienten von »explosiblen Störungen« unterscheide. Hughes (1985) empfahl als angemessene Kategorie die »brief reactive psychosis« (DSM-III 298.80) oder »episodic dyscontrol« (Menninger und Maymann (1956), Maletzky (1973), Nunn (1986)). Gelegentlich wurden Systematisierungsversuche mit z. T. neuer Terminologie unternommen, wobei bestimmte Teilaspekte die Unterschiede begründeten (z. B. Monroe (1974)). Einen direkten Bezug zwischen »explosiblen Störungen« zum Amok stellten Autoren wie Gallemore et al. (1976), Arboleda-Florez (1985), Hughes (1985) und Simon (1987) her.

Exkurs: Dissoziative Störungen

Wertham (1937) griff mit der Diagnose »katathyme Krise« als Vorläufer der »explosiblen Störung« auf Vorstellungen von Maier (1912) zurück. Er beschrieb ein Verhalten, das nicht zwingend die Schwere des Amoklaufs erreichen muß, aber kann. Analog zum Amok soll es initial nach einem spezifisch traumatischen Ereignis zu sozialem Rückzug und zu einer Art Denkstörung kommen, bei der sich die Gedanken zunehmend unter Realitätskontrollverlust auf zumeist aggressive Phantasien einengen, bis schließlich aus dieser Grübelphase der Plan einer Gewalttat entsteht. Dessen explosionsartige Realisierung führt zu einer weitgehenden inneren Entspannung und Wiederherstellung der Realitätskontrolle. Danach wird die Tat auch vom Täter als persönlichkeitsfremd erlebt. Während malaiische Täter den Zustand dann mit »rotem Blut vor den Augen« oder mit »von Dämonen besessen« verdeutlichen, beklagen westlich akkulturierte Täter z. B. Derealisationen, Depersonalisationen und Amnesien.

Diese Dissoziation der umschriebenen Ausnahmesituation von gewöhnlichen Erleben wurde mit spezifischen innerpsychischen Prozessen begründet, die auf psychoanalytischer Metapsychologie beruhen. Bereits die Vorstellungen von Meier (1912) stammten aus der ersten Begegnung von Psychiatrie und Psychoanalyse, bezogen sich aber auf die Erklärung der Inhalte von Psychosen. Bei Wertham und anderen ging es vereinfacht um die von C. G. Jung mit dem Begriff »Komplex« bezeichneten, emotional intensiv besetzten, multiple überdeterminierten, zum Teil unbewußten Vorstellungskonstellationen, die, durch spezifische Traumata oder objektiv minderschwere Ereignisse mobilisiert, scheinbar persönlichkeitsfremde, irrationale Verhalten auslösen könnten.

Ideengeschichtlich gründete dies auf den von S. Freud weitergeführten Ansatz von Charcot. Vor der Ära der modernen Diagnostik in der zweiten Hälfte des 19. Jahrhunderts hatte Charcot gezeigt, daß bestimmte Formen von Dämmerattacken, Lähmungen und Bewegungsautomatismen durch Hypnose geheilt werden konnten und somit psychischer Natur sein mußten. Dies wurde mit einer »dissociation mentale« erklärt, bei der Inhalt und/oder

der Affekt dissoziiert wären und sich der willentlichen Steuerung entzögen. Erst durch die Hypnose würde sie von außen wieder hergestellt. Ursache wäre eine geistig-seelische Schwäche z. B. der Degenerierten. Freud entwickelte dieses Modell weiter, indem er zeigte, daß diese »Verdrängung« durch einen unbewußten, aktiven Abwehrprozeß entsteht, der ontogenetisch erfahrene, unerträgliche Konflikte vom Bewußtsein abdrängt und, anläßlich bestimmter auslösender Situationen mobilisiert, Gewalt über Organe bzw. begrenzt über das Bewußtsein gewinnen kann.

Hinter den zahlreichen variierenden Erklärungen früherer Autoren für Amok wie z. B. »psychogene Epilepsie«, »vorübergehende psychopathische Minderwertigkeit« u. ä. als Ursache für den Amoklauf dürften sich letztlich analoge Konzepte verbergen, soweit nicht eindeutige morphologisch-hirnorganische oder endogen-stoffwechselbedingte Erkrankungen eine Rolle spielten. Auch in der heutigen Diskussion über »explosible Störungen« oder ähnliches wiederholen sich die Hypothesen über Gründe im Kern nahezu unverändert: Das Spektrum reicht von genetisch bedingten Störungen über minimale cerebrale Dysfunktionen, »endogene Psychosen« bis hin zu psychogenen Phänomenen. Der Unterschied ist cum grano salis, daß die kontroversen Argumente fundierter und differenzierter geworden sind.

Menninger (1956) und Melloy (1988) differenzierten das Werthamsche Konzept unter Ich-Psychologischen Gesichtspunkten. Verkürzt handelte es sich für Menninger bei der »episodic dyscontrol« um einen besonderen Abwehrmechanismus im Sinne der psychoanalytischen Metapsychologie. Er wäre Ausdruck einer gestörten narzißtischen Homöostase, wobei die begleitende Amnesie bzw. Bewußtseinsstörung Ausdruck der Ich-Desintegration wäre. Melloy (1988) näherte sich mit seiner Interpretation den Borderline-Konzeptionen von O. F. Kernberg (1991) im Sinne eines »Spaltungs«-Mechanismus an. Biologisch orientierte Autoren (Übersicht: Volavka (1995)) interessierten sich bei Impulskontrollverlusten und Aggression in Fortsetzung der »Degenerationshypothese« eher für genetische Defizite (Goldmann und Lappalainen (1996)), die teils via Serotonin-Mangel-Zustände wirksam werden (Coccaro et al. (1993), Coccaro et al. (1997)) sollen oder für neuroradiologische und -elektrophysiologische Hinweise auf hirnorganische Schädigungen. Auch direkte morphologische Defizite – zumeist des Frontalhirns – wurden angeschuldigt. Zunehmend werden Stimmen laut, die nach der Phase der gescheiterten monokausalen und multifaktoriellen Ansätze interaktionelle Modelle fordern (Eichelmann (1992), Volavka (1995)).

2.3.3.1 Das »Whitmann-Syndrom«

Ähnlich wie Deutschland mit dem Hauptlehrer Wagner hat auch die anglo-amerikanische Literatur ihren Prototypen für Amok: Den »Mad-Man-in-the-Tower« Charles Whitmann, der 1966 zunächst 2 Familienmitglieder und dann von einem Campusturm in Austin, Texas, herab 14 Fremde tötete sowie 30 verletzte. Beide Fälle ähneln sich deutlich (Bruch (1967)). Arboleda-Florez (1985) verglich Ch. Whitmann mit anderen spektakulären Fällen wie dem »Memorial-Day-Man« und dem »Calgary-Mall-Snipper« und zog Parallelen zu malaiischen Amokläufern. Anhand der eingehend bekannten Lebensgeschichte der »Calgary-Mall-Snipper« arbeitete sie den Typus eines schizoid-paranoiden Vereinsamten heraus, der überhöhtes Geltungsbedürfnis (»need for assertiveness«) und Kränkbarkeit zeige und an den gewachsenen sozio-kulturellen Anforderungen scheitere. Am Ende fühle er sich als Fremder in einer ihm fremden, feindseligen Welt (»feeling of alienisation«).

Der »Calgary-Mall-Snipper« wurde als 4. Kind ehelich geboren, die Mutter galt als dominant, der Vater war häufig abwesend. Für seine drei älteren Schwestern war er das »baby«. 10jährig verlor er seine kindliche Sonderrolle, als sein Bruder geboren wurde. Er war in der Schule Clown und später hilfloses Opfer von Hänseleien und Streichen. Er entwickelte sich zu einem zurückgezogenen Träumer und hilflosen Helfer, dem andere sich offenbarten, nie aber er sich selbst anderen. Schließlich phantasierte er sich in die Rolle des »Canon« hinein, einem ritterähnlichen Helden in »Fantasie«-Groschenromanen. Dabei war klar, daß er damit nicht nur seine Angst vor anderen überkompensierte, sondern auch seine aggressiven Impulse in dem edlen Helden kontrollierte: Eine Spielkameradin hatte er beim Spielen aus Wut fast getötet. Herangewachsen präsentierte er seine überaus hohen moralischen Vorstellungen überdeutlich und isolierte sich so weiter. Schließlich phantasierte er sich in die Einsamkeit der Natur weg und entwickelte anläßlich dessen eine hohe Affinität zu Waffen. Vom Militär – seiner besten Lebenszeit – wurde er nach einer Verurteilung wegen einer gefährlichen Verletzung – wieder eine Frau – entlassen und kam auch bei der Feuerwehr nicht unter: Beides wurde als unfair erlebt. Ohne Engagement studierte er daraufhin ein wirtschaftswissenschaftliches Fach.

Die Tat ereignete sich, nachdem er mit Kommilitonen Bier trank, wegen versagender Bremsen einen Unfall hatte, »pusten« mußte und entgegen seiner Erwartung über 0,8 Promille hatte – eine Fehlbestimmung, wie er meinte. Auf dem Heimweg verdüsterte sich seine Stimmung. Er rauchte etwas Cannabis, schrieb zwei Suizidabschiedsbriefe, in denen er darlegte, daß die Welt seine Träume getötet hätte und er nun in einem letzten Kampf zurückschlagen würde. Nach der Tat erinnerte er sich nicht mehr genau an den Ablauf: Irgendwie hätte er nur weg und im »Busch« verschwinden wollen. Auf der Straße hatte er agarophobische Derealisationgefühle: Alle Dinge traten so beengend auf ihn zu, so daß er meinte, sich seinen Weg in die Freiheit freischießen zu müssen. Das tat er dann auch nach Art eines Infanteriekampfes mit Schußwaffen. Er verletzte 8 Menschen schwer, eher er selbst von Polizeikugeln schwerverletzt überwältigt wurde.

Dieser von Arboleda-Florez herausgearbeitete Typus fand sich mit mehr oder minder diskreten Unterschieden mehrfach beschrieben, z. B. als »pseudocommando« bei Massenmördern (Dietz (1986)), als »extrafamiliar homicide-suicide«-Typus (Marzuk et al. (1992)), als vorherrschend bei »sudden murderer« (Weiss et al. (1960), Blackmann et al. (1963)) und ebenso bei Menschen, die lediglich befürchten, Amok zu laufen (Lion et al. (1969, Kuehn und Burten (1969)): Männlich, jung, (para-)militärische Neigungen, Verletzlichkeit, Rückzugsverhalten und nach außen hin öfter freundlich-zurückhaltend, aber anamnestisch aggressive Impulsdurchbrüche mit z. T. gerichtlichen Verurteilungen. Die Familien sollen durch dominante Mütter und schwache oder abwesende Väter und andere Auffälligkeiten charakterisierbar sein. Die Bedeutung des sozialen Wandels würde über eine berufliche Richtungsänderung zwischen Sohn und Vater und durch Wegzug der Familie vom Geburtsort deutlich. Die Taten würden durch einen letzten Anlaß ausgelöst, die Täter zeigten danach depressives Rückzugsverhalten und die Taten wurden auf öffentlichen Plätzen durchgeführt.

Gallemore et al. (1976) berichteten vom »Memorial-Day-Man« zusätzlich, daß der Vater selber einen Mord begangen hatte und beim Täter eine auf »petit mal« verdächtige Vorgeschichte bestand, Charles Whitmann soll einen Hirntumor gehabt haben. Der Tat des »Memorial-Day-Man« – ebenfalls wahlloses Niederschießen Unbeteiligter nach Art eines Infanteriekampfes – gingen Inhaftierungen und mehrfache Aborte der Ehefrau voraus. Meloy (1997) beschrieb jüngst einen solchen Fall, bei dem der Täter so ruhig und gelassen war, daß sie an Raub- und nicht an eine Affekttat erinnere.

Die von Blackman et al. (1963) und Weiss et al. (1960)) untersuchten, sehr ähnlich beschriebenen »sudden murderer« griffen die Familie oder Bekannte und Verwandte an. Dietz (1986) beschrieb unter Rückgriff auf statistische Angaben des »Bureau of Justice Statistics« unserem Amokbegriff nahestehende Typen von Massenmördern, die er den Serienmördern gegenüberstellte. »Set-and-run-Killer« wären solche Täter, die aus verschiedenen Gründen heraus sowohl die Tat als auch die Möglichkeit für die eigene Flucht sorgfältig planten. Unter »Family Annihilator« wurden zumeist Familienväter subsummiert, die unter dem Einfluß von Alkohol und Drogen typischerweise zuerst alle Familienmitglieder und anschließend sich selbst töteten. Täter, die zwischen 4 und 9 Opfer töten, sollen eher depressive, solche mit mehr als 9 Opfern paranoide Symptome aufweisen. Als weiteren Typus beschrieb er »pseudocommandos«: Waffennarren, die ihre Tat genau planten, sich ein Waffenarsenal zulegten und die Tat so gestalteten, daß sie von der Polizei getötet wurden (Felthous und Hempel (1995)). Vor allem die beiden letzten Kategorien wurden als Sonderform des Homicide-Suicide interpretiert.

2.3.3.2 Minderschwere impulsive Gewalttaten

Eine Reihe von Autoren beschrieb impulsive Verhaltensstörungen mit eher geringfügigeren Gewalttaten. Revitch (1964) fand bei 6 Patienten mit sich wiederholenden Gewalttaten auslösend psychodynamisch relevante Objektverluste. Bach-Y-Rita (1971) untersuchte 130 Patienten mit impulsiv-aggressivem Verhalten und diagnostizierte 7mal Epilepsien, bei 30 Patienten minimale zerebrale Dysfunktionen bzw. einschlägige neurologische Vorgeschichten, bei 25 Patienten pathologische Räusche und schließlich bei 57 Patienten die Konstellation erhöhter Angstbereitschaft einerseits und wahlloser Gewaltreaktionen gegen Sachen und Personen andererseits. Es handelte sich im Durchschnitt um 28jährige Männer, Frauen waren extrem selten. Drake et al. (1992) fanden bei neurophysiologischen Untersuchungen incl. Evozierten Potentialen gehäuft Hinweise für minimale cerebrale Störungen.

Aus gruppentherapeutischen Behandlungen der Arbeitsgruppe von Bach-Y-Rita (Lion et al. (1970)) wurde berichtet, daß derartige Patienten größte Ängste haben, Gefühle zu äußern, und einem rigiden männlichen Ideal nachstreben. Lion et al. (1969) und Kuehn und Burton (1969) behandelten Patienten, die lediglich unter der Befürchtung litten, Amok laufen zu müssen. Diagnostisch gingen diese Autoren unter anderem von Borderline-Persönlichkeitsstörungen aus; es fanden sich die bekannten Konstellationen wie relative Ich-Schwäche, unsichere männliche Identität, Introversion und Neigung zum aggressiven »acting-out« wieder.

Fishbain et al. (1986) fanden bei männlichen chronischen Schmerzpatienten die Diagnose einer intermittierenden explosiven Störung überrepräsentiert. Auch bei malayischen Amokläufern wurden körperliche Erkrankungen als auslösend beschrieben.

Stein (1994) resümierte aus biologischer Sicht den derzeitigen kontroversen Diskussionsstand bei impulsiv-aggressiven Verhaltensstörungen dahingehend, daß es möglicherweise nicht um den entweder psychosozial oder biologisch-genetisch, hirnorganisch, funktionell-bedingten Grund gehe, sondern um ein sowohl als auch. Volavka (1995) plädierte darüber hinaus nicht mehr nur für multifaktorielle, sondern für transaktionelle Ansätze.

2.3.3.3 Amok und Homicide-Suicide

Malaiischer Amok (Sporres (1988)) und amokähnliche Handlungen weltweit wurden u.a. als Sonderform einer Homicide-Suicide-Handlung interpretiert (Ellenberger, (1965), Baechler (1981), Westermeyer (1985)). Westermeyer sprach von einem »suicide-mass-assault-suicide-homicide-syndrome« (SMASH-Syndrom). Dieser Interpretation des Amok wurde unter Verweis auf überlebende Amokläufer auch widersprochen (Westermeyer (1973)), wenngleich analog auch Suizide trotz härtester Methoden oft mit gescheiterten Versuchen enden.

Dyadic death, Familienmord, erweiterter Selbstmord und – begrifflich am weitesten und neutralsten und deshalb hier im Folgenden bevorzugt – Homicide-Suicide (= Tötung Anderer mit nachfolgendem tateinheitlichen Suizid) waren kasuistisch seit Beginn dieses Jahrhunderts Gegenstand der Forschung (z. B. Näkel (1908)). Seit der ersten systematischen Untersuchung erweiterter Selbstmorde (Wolfgang (1958)) fehlten bei fast keiner der breit streuenden Arbeiten Bemerkungen über den unzureichenden Kenntnisstand auch zu diesem Thema (Marzuk et al. (1992), Felthous und Hempel (1995)). Die Gründe sind ähnlich wie beim Amok z. B. die Seltenheit, der Tod des Täters und methodische Probleme.

Klinikspopulationen setzen eine behandlungsbedürftige Erkrankung voraus und haben den Vorteil präziser Diagnosen, sind aber bei Tatbeständen eher vage. So sprach z. B. Rosenbaum (1986) von »Homicide and Depression«, ohne daß irgendein Mensch getötet worden wäre. Polizeistatistiken gehen von einem juristisch definierten Tatbestand aus, sie vernachlässigen aber die eigentliche Tatdynamik und sind bei Diagnosen wenig hilfreich (Wolfgang et al. (1980), Allen (1983), Copeland (1985)).

Selbst eine eindeutige Definition für Homicide-Suicide konnte sich bisher nicht etablieren: Fragen der Zeitdauer, der Tateinheitlichkeit und des Taterfolges wurden sehr unterschiedlich gehandhabt (Marzuk et al. (1992)). Skizziert man die bisherigen Ergebnisse, so wurde epidemiologisch gesichert, daß ein relativ konstanter Anteil der Bevölkerung von 0,2 – 0,5/100 000 Homicide-Suicide begehen (Coid (1983)), Buteau et al. (1993)). Neuere Untersuchungen (Cohen et al. (1998)) zeigten einen gewissen Anstieg der Inzidenz und Bevorzugung älterer Menschen bei Homicide-Suicide. Der Anteil der Männer dominierte in allen Untersuchungen mit Anteilen zwischen 60 – 97% (Felthous und Hempel (1995)), während ca. 80% der Opfer Frauen waren; Mehrfachtötungen waren mit ca. 10% der Fälle nicht selten (Marzuk et al. (1992), Milroy (1993)).

Ein wesentliches Resultat der klinischen Forschung bestand bisher darin, charakteristische Merkmalskombinationen von Homicide-Suicide-Tätern (Übersicht bei Marzuk et al. (1992))

herauszuarbeiten. Bevorzugt wurden Typologien, die die Täter-Opfer-Beziehung in den Vordergrund stellten: Ehepartnertötungen z. B. aus Eifersucht bzw. nach Trennungen eher Jüngerer, gemeinsamem »Aus-dem-Leben-Scheiden« bei chronischen Krankheiten älterer Partner, Kindstötungen zumeist depressiver Frauen, Familientötungen depressiver, paranoider und wahnkranker junger Männer mit Schwierigkeiten aller Art und schließlich von ähnlichen, aber eher narzißtischen Männern begangene Tötungen außerhalb der Familie, die sich sozial zurückgesetzt fühlten. Letztere stehen den »pseudocommandos« von Dietz (1986) und Arboleda-Florez (1985) nahe. Inzwischen wurden auch andere Einteilungen versucht: Buteau et al. (1993) schlugen eine Einteilung nach dem Alter vor, Eastreal (1994) Untersuchungen der Cluster um Eigenschaften wie »alt und krank« sowie »jung und psychopathisch« und Felthous und Hempel (1995) gemischt Diffenzierungen nach Täter-Opfer-Beziehungen bzw. Psychopathologie. Berman (1996) differenzierte »dyadic death« eher motival: Erotisch-aggressiver, aus enttäuschter Liebe handelnder, schützend-abhängiger und symbiotischer Typus: Zu wesentlich abweichenden Ergebnissen kamen die Autoren gegenüber Marzuk et al. (1992) nicht.

Angesichts der Alltäglichkeit der auslösenden Konflikte bzw. Tätercharakteristika und wegen des epidemiologischen Befundes relativ konstanter Anteile an der Bevölkerung (Coid (1983), Gottlieb (1987), Gudjonsson (1990), Eastreal (1994), Felthous und Hempel (1995)) wurden ebenfalls interkulturell konstant häufige psychiatrische »Kern«-Störungen für wesentlich gehalten. Depressiven Syndromen wurde insgesamt die höchste Bedeutung zugemessen, wobei das gesamte Spektrum von reaktiven bis zu psychotischen Depressionen beschrieben wurde (Mende (1967), Meier (1984), Rosenbaum (1986), Marzuk et al. (1992)), Felthous und Hempel (1995), Miloy et al. (1997)). In Kombination mit depressiven Syndromen oder alleine wurden auch narzißtische, paranoide und schizophrene Störungen angeschuldigt (Marzuk et al. (1992), Felthous und Hempel (1995)). Depressive Syndrome können auch mit Mord allein assoziiert sein (Batt (1948), Hirose (1979)). Der breite Übergang von Psychosen zu psychopathischen Normvarianten und reaktiven Störungen läßt zumindest die Grenzen des Krankhaften verschwimmen und relativiert den Erklärungswert syndromaler Zuordnungen.

Die Grenzen verschwimmen auch im Vergleich zu »normalen« Gewalttätern oder gewöhnlichen Suizidenten, die den Homicide-Suicide-Tätern besonders nahestehen sollen (Pokorny (1965), Palmer und Humphry (1980), Rosenbaum (1983), Fishbain (1986), Marzuk et al. (1992), Felthous und Hempel (1995), Palermo et al. (1997)). Skizziert scheinen Homicide-Suicide-Täter (und Suizidenten) gegenüber Mördern in Ländern mit hoher Inzidenz für Morde wie z. B. den USA vergleichsweise älter, seltener vorbestraft, weniger durch Suchtprobleme belastet und öfter verheiratet zu sein. Studien aus Ländern mit niedrigen Inzidenzen für Morde zeigten z. B. jedoch, daß ein großer Teil der Mörder, die dann auch überwiegend Familienmitglieder töten, psychisch krank und vor allem depressiv sind (Gudjonsson (1990), Benezech (1992)). Bis zu einem Drittel aller Täter begehen gleich oder später Selbstmord oder -versuche (Gottlieb (1987)). Diese Täter ähneln in Ländern mit hohen Mord-Quoten dem Subtyp, die im häuslichen Umfeld aus emotionalen Gründen zum Täter wurden (Janson et al. (1983)).

Gegenüber Suizidenten fiel auf, daß gewöhnlich suizidpräventive Faktoren wie familiäre Bindungen bei erweiterten Selbstmorden zum Risiko werden (Marzuk et al. (1992)), während die bei Homicide-Suicide und Amok speziell genannten Diagnosen und sozialen Konstellationen auch mit erhöhten Risiken für Suizid belastet sind; möglicherweise spielt eine gewisse Komorbidität mit Persönlichkeitsstörungen bei z. B. Depressionen eine besondere Rolle (Meier (1984), Ziese (1968)) gegenüber gewöhnlichen Suizidenten.

2.3.4 Zusammenfassung

Die amerikanische Literatur zum »Whitmann«-Syndrom und zu den verschiedenen Formen der impulsiv-aggressiven Handlungen stellt einen Typus von Tätern in den Vordergrund, der in malaiischen Archipel ebenfalls bekannt ist und diagnostisch in das Spektrum narzißtischer, borderline naher bzw. schizoid-paranoider Täter gehört. Der mit gehemmt, kränkbar, rigid, impulsiv-aggressiv und kriegerisch beschriebene malaiische »psychopathische« Täter mag dabei öfter von der Eigenschaftsausprägung her – zumal im kulturellen Kontext – das an das Normale angrenzende Ende des Spektrums markieren. Es dürfte letztlich schwer sein, bei den psychopathischen Tätern eine verbindliche Zuordnung zu treffen, wie weit sie krank sind oder nur Normvarianten darstellen. Hinweise auf hirnorganische Minimalbefunde bei dieser Gruppe sind dagegen eindeutig belanglos; Häufigkeiten um 30% werden auch bei normalen Personen gefunden. Umgekehrt läßt sich ähnliches auch für die biographischen, angeblich pathogenetisch wichtigen Konstellationen sagen: Es werden z. B. mit dominierenden Müttern und schwachen Vätern oder Brokenhome-Verhältnissen keine Bedingungen beschrieben, die nicht sehr häufig sind. Auch der gelegentliche angegebene Alkoholismus dürfte im Vergleich zu gewöhnlichen Gewalttaten eher unbedeutend sein; Gewalttaten finden in mehr als der Hälfte der Fälle unter Alkoholeinfluß statt. Letztlich entsteht der Eindruck, daß wie auch immer bedingt die Kombination der Eigenschaften kränkbar, gehemmt, rigid und impulsiv-aggressiv interagierend wichtige Voraussetzung sind; Hinweise auf erhöhte Waffenaffinität häufen sich dabei.

Dieser Typus reiht sich in das Homicide-Suicide-Spektrum als »extrafamiliar homicide-suicide« ein und bei den Massenmördern unter die »pseudocommandos« und könnte als Kerngruppe des Amoklaufs gelten. Malaiischer Amok wurde jedoch häufig auch als Folge einer Familientragödie – teils von Außen induziert – beschrieben und betraf zumindest anfänglich zunächst die Familie als Opfer. Dieser Typus wird dann bei den Massenmördern unter »family-annihilator« und bei dem Homicide-Suicide-Tätern ebenfalls beschrieben. Unterschiedliche Kriterien wie Anzahl der Opfer, verwandtschaftliche Beziehung zu den Opfern, Zuordnungen zur Psychopathologie oder Motiven ergeben dann mehr oder minder sinnvolle Untergruppen und Bezeichnungen. Die dabei mitgeteilten Diagnosen und Motive entsprechen dann fast vollständig dem Spektrum, das auch mit dem malaiischen Amok verbunden wurde. Es werden diagnostisch depressive Störungen aller Art und Ausprägung für vorherrschend gehalten, aber auch andere Erkrankungen von Schizophrenie bis hin zu psychopathischen Eigenschaften, die sich teils kombinieren. Kaum eine Erkrankung und kaum ein mögliches Motiv fehlen. Es scheint sogar schwierig, sinnvolle Abgrenzungen z. B. zum Suizid, tötlichen Gewalttaten Geisteskranker und zu gewöhnlichen Morden vorzunehmen, wenn man bei letzteren die erhöhten Anteile materiell-krimineller Tötungen aus Ländern mit hoher Mordhäufigkeit ausschließt. Tötungen, Selbsttötungen und Homicide-Suicide haben dabei einen inhaltlichen Kern, der mehr oder minder objektiv um soziale, familiäre und partnerschaftliche Konflikte angesiedelt ist – bei Psychosen mag dieser Konflikt nur in der rein subjektiv-krankhaften Vorstellung bestehen, bei psychopathischen Tätern nur die Ausweglosigkeit subjektiv feststehen: An irgendeiner Stelle geht das allgemeine »das Leben geht weiter« nicht mehr. Die Richtung, in der die Handlung erfolgt, ist dann zumeist der Suizid (ca. 20/100 000 Einwohner/Jahr), seltener der Familienmord mit nachfolgender hoher suizidaler Gefährdung (ca. 5/100 000/Einwohner/Jahr) und schließlich der Homicide-Suicide im engeren Sinne (0,2–0,5/100 000/Einwohner/Jahr). Karl Menninger (1938) formulierte aus psychoanalytischer Sicht für alle diese Taten, daß auf der Ebene der Phantasie immer gleichzeitig der Wunsch bestehe zu sterben, getötet zu werden und zu töten. Was aber die Richtung bestimmt, ist weitgehend offen, nur im Amok realisiert sich alles drei. Dies hebt ihn gewissermaßen als totale Handlung aus diesem Spektrum heraus und sollte Anlaß zu seiner Erforschung geben.

3 Fragestellung

Die nachfolgende Untersuchung über Amok will einer grundlegenden Forderung von Hans von Hentig (1956) folgend an einer großen Fallzahl untersuchen, was von den verschiedenen Formen und Gründen für Amok zufällig und was regelmäßig oder doch häufig vorhanden ist. Deskriptiv sollen die in der Literatur aufgeführten sozialen, kriminologischen und vor allem psychiatrischen Eigenschaften von Amok als Tat und Amokläufern als Personen auf Häufigkeiten hin untersucht und umschriebene »Typen« und Syndrome etwa in Analogie zum Homicide-Suicide identifiziert werden. Dabei kann es nicht darum gehen, einzelne, von verschiedenen Autoren kasuistisch gefundene Konstellationen zu bestätigen oder zu verwerfen. Ziel ist es, zunächst über Kasuistiken hinaus häufige Eigenschaften und syndromale Konstellationen zu beschreiben und vielleicht erste empirisch überprüfbare Hypothesen zu generieren.

Die erste klinische Frage ist immer die nach der Wahrscheinlichkeit einer solchen Tat, sodann die nach konstellierenden psychosozialen Konflikten und nach psychiatrischen Erkrankungen, welche Interventionsmöglichkeiten bestehen und welche therapeutischen Konsequenzen ggf. abzuleiten sind. Für Psychologen im Polizeidienst dürfte in beratender Funktion nützlich sein zu wissen, ob aus dem Tatablauf erste Rückschlüsse auf den Täter abgeleitet werden können. Für die forensische Psychiatrie sind Fragen der Exkulpation und der in Frage kommenden Erkrankungen von Interesse und für die Laien schließlich die – hoffentlich nie reale – Frage, wie man sich davor schützen kann, in einen Amok zu geraten. Für alle dürfte interessant sein, mehr über ein extremes Ausnahmeverhalten zu wissen, das vielleicht als Phantasie jedem irgend einmal nahe war, aber als Realität undenkbar schien – und dennoch Realität wurde und es wohl immer wieder wird.

4 Material und Methode

Amok ist jederzeit im öffentlichen Bewußtsein und in den Medien präsent und dennoch eine offenbar seltene Handlung, die sich üblicher psychologischer, kriminologischer und psychiatrischer Untersuchungsmethodik entzieht. Entsprechend der klinischen Fragestellung ging es nicht um Amok in Ländern mit möglicherweise noch wirksamer Amoktradition, sondern um Amok in industrialisierten Staaten. Wichtigstes Problem war in Auseinandersetzung mit der methodischen Problematik bei Suicide-Homicide, eine hinreichend große, von selektierenden medizinisch-institutionellen und juristisch-kriminologischen Einflüssen freie Stichprobe zu erhalten. Die Untersuchung sollte für Deutschland einer Totalerhebung wenigstens nahe kommen. Andererseits war zu prüfen, ob Amok allgemein oder bestimmte Formen davon ein endemisches Problem ist, so daß wir uns nicht auf deutsche Amokläufe beschränken konnten.

Es wurden deshalb nach Beratung mit dem Institut für Publizistik- und Kommunikationswissenschaften der Universität Göttingen deutsche Presseorgane (Archive: »Springer Archiv«, »Frankfurter Rundschau«, »Frankfurter Allgemeine Zeitung«, »Süddeutsche Zeitung«, »Spiegel«, »Stern«, »Zeit«, »Deutsche Presse Agentur«, »Associated Press«) angeschrieben und zur Fallidentifikation nach allen mit »Amok« bezeichneten Fällen gefahndet, die sich zwischen dem 1.1.1980 und 30.8.1989 in westlich akkulturierten Industrieländern ereigneten. Dabei ergaben sich eine Ausgangsgröße von 234 Fälle.

Diese 234 Fälle wurden nach operationalisierten Kriterien durchgesehen.
  1. Amok mußte immer eine ernste Gewalttat sein. Die Gewalttatdefinition entsprach der von Böker und Häfner (1973, 1991). Amok mußte mindestens zum Tod eines Menschen geführt haben oder so angelegt gewesen sein, daß er dazu hätte führen können, wenn nicht äußere, nicht in der Person des Täters liegende Gründe den Taterfolg verhindert hätten. Die Tat mußte

die Ein-Täter-Ein-Opfer-Konstellation üblicher Tötungen optional verlassen.

2. Sie mußte entsprechend der Amokintention wenigstens zeitweilig ohne Rücksicht auf das eigene Leben verlaufen oder direkt zum Tod durch Suizid oder Fremdeinwirkung führen.

3. Die Tat mußte zumindest äußerlich gesehen als impulsiv-raptusartige Tat beginnen. Homicidales und suizidales Moment der Tat mußten tateinheitlich auftreten.

4. Die Tat durfte nicht durch politische, ethnische, religiöse oder kriminelle Motive bestimmt gewesen sein.

Die Beschränkung auf bestimmte Opfer – z. B. nur Fremde, Verwandte etc. – oder die Vorgabe bestimmter Opferzahlen wurde erwogen, aber verworfen. Diese Faktoren hängen zu sehr von den äußeren Umständen ab. So wurde im Untersuchungszeitraum der schlimmste Amok mit 69 Toten und 36 Verletzten nach einem Ehestreit begangen, bei dem die Ehefrau aber wie durch ein Wunder überlebte. Der »Calgary-Mall-Sniper« tötete trotz Zielfeuers auf Menschenmengen und Einzelpersonen niemanden. Der psychologisch entscheidende Aspekt des Amoks scheint die Aufgabe aller Rücksichten auf sich und andere zu sein, die sich aber auch aus äußeren Gründen und manchmal schlichtem Zufall in sehr unterschiedlichen Tötungs-Selbsttötungs-Handlungen manifestieren.

Von 234 gesammelten Fällen wurden daraufhin 38 ausgeschlossen. Bei den verbleibenden 196 als »Amok« identifizierten Fällen bemühten wir uns um weitergehende Informationen z. B. bei lokalen Presseorganen. Nur in Einzelfällen konnten Gerichtsakten beschafft oder mit Angehörigen und Opfern anläßlich z. B. von Fernsehreportagen gesprochen werden; in einem Fall lag ein Dokumentarfilm vor.

In der Regel stand am Ende mindestens eine relativ konsistente Basisinformation zur Verfügung, deren Kern auf Agenturmeldungen beruhte, die ihrerseits häufig auf Mitteilungen der Polizei zurückzuführen waren und zusätzlich eigenständigen Ermittlungen der lokalen Presse oder journalistischen Recherchen größerer

Zeitungen bei wichtigen Fällen (zu Einzelheiten: Schünemann (1992)).

Diese Informationen wurden für die angeschlossene Kontentanalyse 143 Variablen zugeordnet, die sich aus dem Literaturstudium als relevant erwiesen haben und bei denen die Chance bestand, daß sie durch journalistische Recherchen und polizeiliche Ermittlungen erfaßt werden konnten.

Aus Gründen der Lesbarkeit wurden bei weniger wichtigen Daten auf die Darstellung der Standardabweichungen verzichtet. Für die vollständig bekannte Anzahl der Toten- und Verletztenopfer und die Fälle mit bekanntem Alter (n = 162) wurde im Falle reiner Kontingenztabellen mit chi^2-Test gegen die Gesamtgruppe und bei Gruppenvergleichen mit dem U-Test auf signifikante Unterschiede geprüft. Im Sinne einer explorativen Datenanalyse wurden mehrere Diskriminanzanalysen durchgeführt. Sie wurden zur Minimierung der Fehlervarianz nicht anhand der Rohdaten, sondern anhand der Faktorscores vorangeschalteter Faktorenanalysen berechnet.

Methodisch bleiben grundsätzliche Einwände gegen die Generalisierbarkeit der Ergebnisse über den Rahmen eines Abbildes des »Amok in der deutschen Presse« hinaus berechtigt. Es handelt sich um keine zufällige, epidemiologischen Kriterien genügende Stichprobe: Hohe Opferzahl und räumliche Nähe zum Leser erhöhen die Wahrscheinlichkeit und gegebenenfalls auch die Vollständigkeit einer Meldung (Tab. 1).

101 aus Deutschland (BRD) stammende Fälle sind z. B. überrepräsentiert und signifikant weniger tödlich. Auf Grund des hohen Sensationswertes der Meldung »Mord« und insbesondere »Amok« (Goettle (1988)) kommen wir hier vermutlich einer Totalerhebung während einer Dekade nahe. Damit sind deutsche Fälle für alle Fragen von Häufigkeiten besonders relevant. Es zeigte sich für den gesamten Datensatz, daß diskriminanzanalytisch keine signifikante Trennung (chi^2 [total] = 14.239, df = 15, p > 0,5) nach Herkunftsländern möglich war. Vermutlich wer-

Tabelle 1: »Nachrichtenwert« und Gefährlichkeit von Amokläufen in Abhängigkeit von der Entfernung zur Tatregion. Mittleres Alter.

Amokfälle aus	n	Alter ($\bar{x}$)	Tote ($\bar{x}$)	Verletzte ($\bar{x}$)
– Deutschland	101	33,9	1,3^{xxx}	1,7^{x}
– europäisches Ausland	35	36,0	3,9	4,9
– Nordamerika	48	37,6	4,3^{x}	6,6^{xx}
– sonstiges *) Ausland	12	26,5	7,9^{xxx}	6,1^{xxx}
Summe	196	34,8 ± 12,1	2,98 ± 3,67	3,74 ± 8,32

chi^2: Signifikanztest gegen Gesamtgruppe x $p < 0,05$
                                            xx $p < 0,01$
                                            xxx $p < 0,001$

*westlich akkulturiertes, sonstiges Ausland ohne Südostasien

den nur die besonders gefährlichen Fälle international gemeldet, die sich aber sonst nicht wesentlich von den deutschen Fällen unterscheiden. Statistische Vergleiche der Gefährlichkeit und Fragen der Häufigkeit wurden jeweils an der deutschen Gesamtgruppe überprüft.

Sonstige, identifizierbare selektive Prozesse werden im folgenden an konkreten Beispielen erörtert. Nicht erfaßbar müssen Faktoren bleiben, die sich aus der Falldefinition »Amok« durch die Journalisten ergeben; wurde ein Amokfall von den Presseorganen insgesamt nicht als solcher benannt, konnte er für die Untersuchung verloren gehen. Dieser denkbare Mangel dürfte irrelevant gering sein. Manche Archive sammelten entsprechende Fälle nicht unter dem Stichwort Amok, sondern z. B. unter »Gewalttaten Geisteskranker«. Die zur Verfügung gestellten Fälle enthielten über Amok hinaus – der in der Regel dann auch so benannt wurde – auch andere schwere Gewaltdelikte. Nur sehr selten wurden geeignete Fälle nicht als Amok bezeichnet. Diese Fälle wurden fast ausnahmslos bei anderen Informationsquellen als Amok bezeichnet und in jedem Fall einbezogen.

5 Ergebnisse

5.1 Soziodemographischer Hintergrund

Die Vollständigkeit soziodemographischer Daten war im allgemeinen von der Gefährlichkeit der Taten abhängig; Fälle mit fehlenden Informationen waren unterdurchschnittlich gefährlich. Bei deutschen Fällen lagen bei ca. ²/₃, international bei knapp der Hälfte der Taten weitgehend vollständige Angaben vor. Es werden die wesentlichen Variablen und ihre Ausprägungen getrennt nach In- und Ausland in Tabelle 2 gegenübergestellt. Die zu Vergleichszwecken hinzugezogenen Daten der Statistischen Jahrbücher 1981–1991 für Deutschland (alte Bundesländer) können nur zur Orientierung dienen. Dargestellt wurden u. a. wegen geänderten Berechnungsgrundlagen nur einzelne Jahrgänge. Sie kamen Mittelwerten der untersuchten Dekade nahe.

5.1.1 Geschlecht

Amok soll nur oder doch überwiegend von Männern begangen werden. Das Geschlecht der Täter konnte immer ermittelt werden. 196 Taten wurden von 187 (95%) männlichen und 9 (5%) weiblichen Tätern begangen. Nur für die BRD betrachtet waren die Relationen identisch (96 Männer:, 5 Frauen), so daß hier keine Nachrichtenselektion vorzuliegen scheint. Signifikante Alters- und Gefährlichkeitsunterschiede bestanden nicht.

5.1.2 Alter

Amoklauf wurde kontrovers eher jüngeren oder eher älteren Männern zugeschrieben. Das in 162 Fällen bekannte Lebensalter betrug durchschnittlich 34,8 ± 12,1 Jahre bei linksschiefer, flacher Verteilung und Extremwerten von 17 bis 64 (Ausreißer: 88 Jahre!). Ein erstes deutliches Maximum trat bei 23 Jahren auf, ein zweites flaches bei 35 Jahren. 36% der Amokläufer waren 40 Jahre und älter.

Tabelle 2: Soziodemographische Merkmale von 196 Amokläufern. Deutsche[°] und internationale Fälle getrennt dargestellt.

		BRD (n)	Ausland (n)
Geschlecht:	Männer	96 (29,2 Mil.)[1]	91
	Frauen	5 (31,9 Mil.)[1]	4
Familienstand:	unbekannt	39	56
	ledig	25 (44,2)[2]	16
	uneheliche Partnerschaft	2	0
	Ehe	25 (50,2%)[2]	20
	geschieden, verwitwet etc.	9 (6,5%)[2]	4
Lebensgemeinschaft:	unbekannt	45	56
	Eltern	2	2
	alleinstehende Mutter	2	2
	Partner	32 (66,6%)[3]	24
	alleinstehend	20 (33,4%)[3]	9
Berufsausbildung:	unbekannt	33	49
	ungelernt	6 (45%)[4]	3
	»blue collar«	37	24
	»white collar«	13	11
	Akademiker, selbständig, u. ä.	6 (3,9%)[4]	8
	Studenten	6	0
Beschäftigungsverhältnis vor der Tat:	unbekannt	30	50
	arbeitslos	16 (ca. 8%)[5]	16
	Job, Gelegenheitsarbeit	11	2
	feste Anstellung	38	26
	Ausbildung	5	0
	Rente o.ä.	1	1
Summe:		101	95

[°] Zum Vergleich in Klammern: Orientierende statistische Daten für Deutschland
1) Statistisches Jahrbuch 1986, 3.10, Bevölkerung nach Altersgruppen und Ländern;
2) Statistisches Jahrbuch 1986, 9.11, Bevölkerung nach Familienstand und Altersgruppen (nur Männer);
3) Statistisches Jahrbuch 1989, 3.11, Privathaushalte nach Zahl der Personen; Volkszählung;
4) Statistisches Jahrbuch 1986, 16.1, Bevölkerung nach Altersgruppen und Bildungsabschluß;
5) Statistisches Jahrbuch 1988, 4.3, Arbeitslose in OECD-Ländern, 1980-1987

5.1.3 Familienstand

Amokläufer sollen bevorzugt ledige Männer sein oder solche mit z. T. mehrfach gescheiterten partnerschaftlichen Beziehungen. Der Familienstand der Amokläufer wurde 101 mal genannt (Tab. 2). Erwartungsgemäß waren jüngere Amokläufer eher ledig ($\bar{x}$ = 31,4 Jahre), lebten bei den Eltern oder waren Studenten, ältere waren früher oder z. Z. der Tat noch verheiratet ($\bar{x}$ = 41,0 Jahre), lebten mit einem Partner zusammen und waren oft Angestellte und Akademiker. Älteste Gruppe waren die Geschiedenen, Verwitweten etc. ($\bar{x}$ = 42,4 Jahre), die ebenfalls öfter beruflich integriert oder schon Rentner waren.

In 95 Fällen wurde über die aktuelle Lebensgemeinschaft des Täters unabhängig vom formalen Status berichtet. Einige jüngere Täter ($\bar{x}$ = 23,8 Jahre) leben altersentsprechend noch bei ihren Eltern. Auffälliger waren die 6 älteren ($\bar{x}$ = 36,2 Jahre) Männer, die eher altersinadäquat noch bei ihrer Mutter lebten; ihre besondere Gefährlichkeit wird später zu diskutieren sein. 29 Täter ($\bar{x}$ = 35,7 Jahre) lebten alleine und 56 Amokläufer ($\bar{x}$ = 41,0 Jahre) wohnten mit einem Partner bzw. einer Gruppe zusammen.

Die Bedeutung des Familienstandes für die Gefährlichkeit wird für Deutschland in Tabelle 3 dargestellt; internationale Fälle zeigten eine ähnliche Tendenz. War der Familienstand unbekannt oder die Täter ledig, waren die Taten weniger tödlich, aber mit höherem Verletztenrisiko belastet, während umgekehrt die älteren, verheirateten Täter höhere Todesopferzahlen hatten und seltener verletzten. Ähnliche, nicht ganz so eindeutige Verhältnisse zeigte die Untersuchung der aktuellen Lebensgemeinschaft, auf deren Darstellung deshalb verzichtet werden konnte.

5.1.4 Beruf

Die berufliche Qualifikation und Integration von Amokläufern wurde kontrovers diskutiert. Es gab Meinungen, die einfach strukturierte, schlecht qualifizierte Männer für charakteristisch hielten, andere beschrieben überangepaßte, zu leistungsorientierte Männer mit beruflichen Integrationsproblemen.

Tabelle 3: Bedeutung des Familienstandes, der Berufsausbildung und des Beschäftigungsverhältnisses für die Gefährlichkeit des Amoks. Todes- und Verletztenopfer, Tote/Verletzte-Relation (T/V). Deutsche Fälle (n).

	Häufigkeit (n)	Tote ($\bar{x}$)	Verletzte ($\bar{x}$)	T/V
Familienstand				
– unbekannt	39	0,5xx	2,2	1:4,4
– ledig	25	1,2	2,5	1:2,1
– außereheliche Lebensform	2	1,0	0	1:0
– getrennt, geschieden verwitwet etc.	10	1,7	0,9	1:0,53
– verheiratet	25	2,7xx	0,6	1:0,2
Berufsausbildung				
– unbekannt	33	0,4x	2,0	1:5
– Student	6	0,3	0,8	1:2,7
– ungelernt	6	0,8	1,5	1:1,9
– Handwerker	37	1,6	1,8	1:1,1
– Angestellter	13	2,8	0,5	1:0,18
– Akademiker	6	3,5	3,0	1:0,86
Beschäftigungsverhältnis				
– unbekannt	30	0,3	1,9	1:6,3
– in Ausbildung	5	0,4	0,6	1:1,5
– arbeitslos	16	1,1	1,4	1:1,3
– Gelegenheitstätigkeit	11	1,6	2,2	1:1,4
– feste Anstellung	38	2,2	1,7	1:0,77
– Rentner	1	4,0	2,0	1:0,5

Signifikanzprüfung (chi²) gegen Gesamtgruppe   x $p<0,05$
xx $p<0,001$

Die Berufsausbildung war in 114 Fällen bekannt (Tab. 2). Die anteilig größte Gruppe bildeten mit 61 Amokläufern mit »Blue-collar«-Qualifikationen wie z. B. Handwerker, ungelernte Arbeiter und andere. Für einfachere »White-collar«-Tätigkeiten (Angestellte, Beamte o. ä.) hatten sich 24 Täter und weitere 14 als Akademiker bzw. leitende Angestellte qualifiziert. Sechs jüngere waren noch Schüler oder Studenten und nur 9 Täter waren ungelernt ($\bar{x}$ = 28,0 Jahre).

Die reale Berufsausübung ergab ähnliche Verteilungen, ein beruflicher Abstiegstrend war nicht zu erkennen. Die fast identischen Daten sollen nicht wiederholt werden. Insgesamt ergab sich zumindest für Deutschland kein Hinweis darauf, daß Amokläufer eine schlechte berufliche Qualifikation haben, sie scheint eher überdurchschnittlich hoch zu sein.

Wichtiger erschien das aktuelle Beschäftigungsverhältnis, daß in 112 Fällen zu ermitteln war. Zwar hatten 64 (57%) Täter eine feste Anstellung, immerhin aber waren 32 Amokläufer (29%) ausdrücklich zum Tatzeitpunkt arbeitslos und 13 (12%) lediglich lose in Gelegenheitsjobs angestellt. Fünf der 6 Schüler oder Studenten scheinen noch tatsächlich studiert zu haben und 2 Täter waren Rentner.

Annahmen über aktuelle schlechtere berufliche Integration lassen sich offensichtlich bestätigen. Mit ca. 40% war die Arbeitslosigkeit bzw. nur aushilfsweise Anstellung der Amokläufer verglichen mit dem Durchschnitt in den westlichen Industriestaaten um ein mehrfaches höher.

Die Alters-, Todes- und Verletztenopferverteilung (Tab. 3) entsprach dem zu Erwartenden: Ältere waren in der Reihung beruflich besser qualifiziert und noch im Erwerbsleben eingebunden. Analog zum Familienstand waren die in Ausbildung befindlichen oder ungelernten, zumeist jüngeren weniger gefährlich und die besser qualifizierten und noch in Anstellung befindlichen, älteren Amokläufer gefährlicher. Statistisch signifikante Trennungen der Gruppen waren nicht möglich.

5.1.5 Stadt-Land-Gefälle

Bei den soziologischen Hypothesen zum Amok spielte neben Ausbildung und Beschäftigung ein Stadt-Land-Gefälle als Ausdruck von Landflucht und Entwurzelung eine Rolle. In unserem

Material fanden sich zum Tatort immer Angaben. 143 Amokläufe hatten sich in Städten bis ca. 10 000 Einwohnern ereigneten, nur 53 Amokläufe in ländlichen Gegenden – dies entsprach zumindest in Deutschland den üblichen Verhältnissen. Die Gruppen unterschieden sich nicht im Alter und nur gering bei der Todesopferzahl (Stadt: $\bar{x}$ = 2,7 Tote; Land $\bar{x}$ = 3,5 Tote). In der Stadt kam es aber häufiger zu Verletzungen (Stadt: $\bar{x}$ = 4,68 Verletzte; Land: $\bar{x}$ = 1,4 Verletzte).

5.1.6 Sondergruppen

Bei Untersuchungen zur Gefährlichkeit waren 3 kleinere Subgruppen mit hohen Opferzahlen auffällig. Es ging um altersinadäquat mit der Mutter (n = 6; $\bar{x}$ = 36,2 Jahre, $p < 0,05$) zusammenlebende Amokläufer, die insgesamt besonders gefährlich ($\bar{x}$ = 7,0 Tote, $p < 0,001$; $\bar{x}$ = 6,0 Verletzte, $p < 0,01$) waren. Die beiden deutschen Täter waren jedoch unterdurchschnittlich gefährlich ($\bar{x}$ = 1 Toter, $\bar{x}$ = 0,5 Verletzte). Jüngere, eher altersgemäß (n = 4; $\bar{x}$ = 23,8 Jahre) noch bei den Eltern lebende Amokläufer waren weniger, aber immer noch signifikant gefährlicher ($\bar{x}$ = 4,0 Tote, $p < 0,05$; $\bar{x}$ = 7,8 Verletzte, $p < 0,01$) als die Restgruppe. Die beiden deutschen Fälle waren auch hier bezüglich Todesopfer eher ungefährlich, verletzten aber viele Menschen ($\bar{x}$ = 0,5 Tote, $\bar{x}$ = 3,5 Verletzte). Vierzehn im Trend ältere ($\bar{x}$ = 44,3 Jahre; $p < 0,1$) Akademiker bilden bei Variablen zur Ausbildung die dritte besonders gefährliche Subgruppe ($\bar{x}$ = 5,8 Tote, $p < 0,01$; $\bar{x}$ = 5,8 Verletzte, $p < 0,01$). Bei den 6 deutschen Fällen war die Gefährlichkeit gegen die Gesamtgruppe zwar nicht signifikant erhöht, immerhin zeigten berufsbezogen Akademiker auch hier die höchste Gefährlichkeit in der Reihung (Tab. 3), die nahelegt zu vermuten, daß mit der Höhe der Qualifikation tatsächlich auch die Anzahl der Todesopfer zunimmt.

5.2 Amok als kriminelle Handlung

Amok ist kein definiertes juristisches Delikt – vom gefährlichen Eingriff in den Straßenverkehr über Sachschaden, Körperverletzungen bis hin zu mehrfachen, tateinheitlichen Morden kann alles Mögliche angeklagt werden. Als kriminelle Handlung kann er sich in Minuten ereignen, aber auch über Tage hinziehen, an sehr verschiedenen Orten und mit den verschiedensten Waffen begangen werden: Zumeist gab es Meinungen, die den einen oder anderen Aspekt für typisch erklärten. Amok als Delikt soll im Folgenden mit deskriptiver Statistik dargestellt werden, um Typisches von Zufälligem trennen zu können. Insbesondere interessiert die Frage, welche Konstellationen mit besonderer Gefährlichkeit verbunden sind, um somit eine aus dem Tatgeschehen ableitbare Einschätzung zu ermöglichen.

5.2.1 Gefährlichkeit

Amokläufe waren spektakuläre Taten, deren Folgen das höchste Interesse genoß. Die Tatfolgen wurden bei allen Tätern dargestellt. Bei 196 Amokläufen wurden von 135 Tätern 575 Menschen getötet ($\bar{x}$ = 2,98 ± 12,1 Tote, dabei deutsche Untergruppe: $\bar{x}$ = 1,34 ± 1,7 Tote). Diese entsetzliche Zahl von Todesopfern darf nicht verkennen lassen, daß immerhin 31% aller Amokläufe ohne Tote verliefen – obwohl die Risiken dazu immer bestanden.

Von 115 Tätern wurden 734 Menschen zum Teil schwer verletzt ($\bar{x}$ = 3,74 ± 8,82 Verletzte (max. 75!), dabei deutsche Untergruppe: $\bar{x}$ = 1,72 ± 3,0 Verletzte); 41% der Taten verliefen ohne Verletzungen.

Der gefährlichste Amoklauf wurde von einem 27jährigen koreanischen Polizisten 1982 begangen, der sich nach einem Ehestreit mit einem Waffenarsenal aus der Waffenkammer bewaffnete, sofort alles niederschoß und bis in die weitere Umgebung vordrang. Er tötete 69 Menschen und verletzte 36 – nur die Ehefrau überlebte wie durch ein Wunder.

Erheblicher Sachschaden wurde nur in 35 Fällen angerichtet, konnte aber Millionenhöhe erreichen. Im Falle einer Amokfahrt mit einem Panzer (4.8.1982, BRD) wurde er z.B. auf 1,7 Millionen DM beziffert. 24 dieser Täter töteten keinen Menschen, verletzten aber ggf. (n = 19) viele ($\bar{x}$ = 13,7 Verletzte, $p < 0,1$). Zu dieser Gruppe gehörten auch die wenigen, die kein Verbrechen gegen Leib und Leben begingen. Ein Schizophrener beschädigte 162 Autos bis hin zum Totalschaden, ohne daß es zu Personenschaden kam. Die übrigen Taten verliefen mit geringem, sich aus dem Tatablauf ergebendem Sachschaden ab, der oft nicht eigens erörtert wurde.

5.2.2 Tatplanung

Die Art der Waffenbeschaffung war den Nachrichten in 144 Fällen zu entnehmen: Bei 50 Taten wurde eine zufällig greifbare Waffe benutzt, bei 94 Taten eine vorbereitete bzw. nicht zufällig greifbare Waffe. War die Waffenbeschaffung unbekannt, ging es in Deutschland zumeist um nächtliche Familientragödien mit signifikant höherer Totenzahl und geringer Verletztenzahl (Tab. 4). Wegen des finalen Suizids des Täters war – nicht nur – über die Vorbereitung wenig zu erfahren: Alle Zeugen des Dramas waren tot.

War die Waffenbeschaffung bekannt, verliefen vorbereitete Amokläufe gefährlicher als unvorbereitete, bei denen sich die Relation zwischen Todes- und Verletztenopfer dann deutlich zu mehr Verletzungen verschob (Tab. 4).

5.2.3 Tatwaffen

Die Waffenart wurde immer genannt. Vorbereitung der Waffe und Waffenart interagieren: Es wurden wirksame Waffen vorbereitet. 20mal wurden regelrechte Waffenarsenale (zwei und mehr Schußwaffen mit großen Mengen Munition, Granaten, letztere gern final zur Selbsttötung benutzt) eingesetzt, die zumeist (80%) vorbereitet waren – (fast) nur Amerikaner hatten derartiges einfach im Hause. In immerhin 3 Fällen (15%) kam auch dabei nie-

Tabelle 4: Bedeutung der Art der Waffenbeschaffung, der Waffe und der Dauer der Tat für die Gefährlichkeit des Amoks. Häufigkeiten, Todes- und Verletztenopfer, Tote/Verletzte-Relation (T/V). Deutsche und internationale Fälle im Vergleich.

	BRD				Internationales Ausland			
	Häufigkeit	Tote	Verletzte	T/V	Häufigkeit	Tote	Verletzte	T/V
	n	$\bar{x}$	$\bar{x}$		n	$\bar{x}$	$\bar{x}$	
Waffenschaffung:								
– unbekannt	18	2,1[xx]	1,0	1:0,48	34	3,9	2,6	1:0,66
– vorbereitet	48	1,6	2,2	1:1,4	46	5,8	7,7	1:1,3
– zufällig greifbar	35	0,6	1,5	1:2,5	15	2,7	8,1	1:3
Waffenart:								
– Waffenarsenal	8	2,4	3,1	1:1,3	12	8,2	14,8	1:1,8
– Schußwaffe	35	2,0[x]	1,3	1:0,65	62	4,7	3,7	1:0,78
– andere Waffe	25	1,0	2,2	1:2,2	11	2,8	1,9	1:0,68
– atypische Gegenstände	33	0,7	1,5	1:2,2	10	1,8	13,3	1:7,4
Dauer:								
– unbekannt	14	3,7[xxx]	0,6	1:0,16	28	4,4	3,9	1:0,89
– länger als 2 Stunden	22	1,3	2,0	1:1,4	21	6,9	5,0	1:0,72
– max. 2 Stunden	65	0,8[x]	1,9	1:2,4	46	3,7	7,6	1:2,1

Signifikanzprüfung (chi²) gegen Gruppe »deutsche« bzw. »internationale« Fälle: x $p<0,05$
xx $p<0,01$
xxx $p<0,001$

mand um, wenngleich die Folgen insgesamt am schwersten waren (Gesamtgruppe: $\bar{x}$ = 5,8 Tote, p < 0,01; $\bar{x}$ = 10,1 Verletzte, p < 0,001); sie waren auch in Deutschland in der Reihung am gefährlichsten (Tab. 4). Am häufigsten war der Einsatz einzelner Schußwaffen (n = 98), die in 51% vorbereitet waren, ebenfalls in 85% zu Todesopfern führten und ebenfalls sehr gefährlich waren (Gesamtgruppe: $\bar{x}$ = 3,7 Tote, p < 0,001; $\bar{x}$ = 2,8 Verletzte, p < 0,05) und auch in Deutschland auf dem 2. Platz folgten. 33 Täter mit anderen Waffen wie Panzern, Messern, Schwertern, Hammer etc. waren deutlich weniger gefährlich, aber die zur Hälfte vorbereiteten Taten immer noch zu 58% tödlich. Atypischen Waffen – zumeist Fahrzeuge wie Bagger, Autos und andere entfremdete Gebrauchsgegenstände – waren naturgemäß nur selten vorbereitet (33%), verliefen seltener überhaupt tödlich (33%) und forderten insgesamt signifikant weniger Todesopfer (Gesamtgruppe: $\bar{x}$ = 1 Toter, p < 0,01), aber doch viele Verletzte. Wenn nur die Fälle mit tatsächlichen Verletzten (46%) berücksichtigt werden, wurden im Mittel 9,2 Menschen zum Teil schwer verletzt. Deutsche Fälle waren ebenfalls besonders wenig tödlich (Tab. 4). In dieser Reihung bleibt auch in etwa der Tote/Verletzte-Quotient als Ausdruck von gezielter Tötungsintention: Schußwaffen alleine wurden überall gezielt tödlicher eingesetzt als andere Waffen. Es folgten Waffenarsenale und andere Waffen; die höchste Tendenz zu Verletzungen und geringste zu Tötungen bestand bei atypischen Gegenständen – obschon sie ein hohes Gefährlichkeitspotential hatten.

5.2.4 Tatdauer

Die Dauer eines Amoklaufs wurde in 153 Fällen genannt; 111 Fälle dauerten kürzer als 2 Stunden (73%) und 43 (27%) länger. Bei den nächtlichen Familientragödien war die Dauer naturgemäß unbekannt geblieben, sie wurden aus Deutschland überrepräsentiert beschrieben und waren demzufolge mit hoher Gezieltheit und Todesopferzahl besonders gefährlich (Tab. 4). Die länger dauernden Taten führten öfter zu tatsächlichen Tötungen (72% Amok mit Todesopfern, $\bar{x}$ = 4 Tote) als die kurzdauernden

(59% Amok mit Todesopfern, $\bar{x}$ = 2 Tote, p < 0,01). Die Verletztenopferzahlen waren dagegen überall bei kurzen Amokläufen höher ($\bar{x}$ = 4,2 Verletzte) als bei langdauernden ($\bar{x}$ = 3,5 Verletzte, p < 0,05). In Tabelle 4 werden die Verhältnisse für Deutschland und internationales Ausland getrennt dargestellt.

5.2.5 Nachtatverhalten

Am Ende eines Amoklaufes flohen je etwa die Hälfte der Täter (n = 84) bzw. blieben am Tatort (n = 87); in 25 Fällen war keine Angabe erhältlich. Fliehende töten etwas unterdurchschnittlich oft, verletzten aber etwas öfter; bei Tätern, die am Tatort blieben, war es entsprechend umgekehrt.

5.3 Auslösende Motive

Es dürfte kaum eine Situation geben, daß Menschen unangenehm berührt und nicht auch als auslösendes Motiv für Amok genannt wurde. Bevorzugt soll es um Liebesobjektverluste und Kränkungen im sozialen Umfeld gehen. Die Taten sollen diesem auslösenden Ereignis unmittelbar, nach einem stunden- bis tagelangen »roumoring«, aber auch erst nach Jahren erfolgen können. Schließlich wurden teils hochgradig erregte, aber auch – oft abnorm – ruhig wirkende Täter beschrieben.

Journalisten zugängliche, auslösende Motive, die Latenz zwischen dem ermitteltem Motiv und der Tat und die Beschreibungen der emotionalen Beteiligung unmittelbar vor und bei der Tat, wurden getrennt erfaßt.

5.3.1 Handlungslatenz

Die zeitliche Beziehung zwischen auslösendem Konflikt und Tat wurde nur in 95 Fällen genannt. Bei 48 Fällen war der Konflikt unmittelbar handlungseinleitend; 2mal fand Amok in Erwartung eines negativen Ereignisses statt. Nach stunden- bis maximal 4wöchiger Latenz handelten 30 Amokläufer; nach länger als einem Monat immerhin noch 12 Täter. Die max. Latenz betrug ca. 8 Jahre. Diese Gruppen unterschieden sich statistisch nicht signifikant in der Altersverteilung; in der Reihung waren die sofort Reagierenden die Jüngsten und die nach Monaten reagierenden die ältesten Täter.

Die beiden, in Erwartung eines neg. Ereignisses handelnden Täter waren besonders gefährlich, gefolgt von denen, die nach Monaten handelten. Dem beim malaiischen Amok und dem »explosiv disorder« beschriebenen »roumoring« für Stunden und Tage folgten in der Reihung relativ ungefährliche Taten nach – statistisch bedeutsam waren die Unterschiede insgesamt nicht.

5.3.2 Emotionale Tatbeteiligung

In 61 Fällen fand der Amok unter intensiver, zumeist sichtlich aggressiver emotionaler Beteiligung statt. Diese Taten folgten überwiegend unmittelbar auf den auslösenden Konflikt (n = 38), keineswegs aber immer. In 52 Fällen war der Täter äußerlich ruhig; typischerweise lagen die verantwortlich gemachten Motive längere Zeit zurück (n = 21) oder waren unbekannt (n = 23). In 83 Fällen fanden sich keine verwertbaren Angaben. Altersverteilung, Anzahl der Todes- und Verletztenopfer unterscheiden diese Gruppen nicht signifikant.

5.3.3 Motive

Motive wurden in 124 Fällen genannt; in 72 Fällen nicht. Letzteres kann bedeuten, daß lediglich kein Motiv bekannt wurde, aber auch, daß kein Motiv bestand – die Presse meldet Nichtkenntnis vermutlich nur selten. In 6 Fällen allerdings wurde ausdrücklich bemerkt, daß kein Motiv bestand. Diese Gruppe war gegen die Gesamtgruppe signifikant älter ($\bar{x}$ = 40,7 Jahre, $p < 0,05$); äußere Zeichen der Erregung fehlten fast immer (n = 5). Bei der Gruppe »Motiv unbekannt« ging es um deutlich jüngere ($\bar{x}$ = 30,9 Jahre, $p < 0,05$) Täter mit knapp durchschnittlich gefährlichen Taten (Tab. 5). In 9 weiteren Fällen wurden reine Bagatellen als auslö-

Tabelle 5: Bedeutung des Motivs für die Gefährlichkeit des Amoks. Häufigkeiten, Todes- und Verletztenopfer, Tote/Verletzte-Relation (T/V). Deutsche und internationale Fälle im Vergleich.

	BRD				Internationales Ausland			
	Häufigkeit	Tote	Verletzte	T/V	Häufigkeit	Tote	Verletzte	T/V
	n	x̄	x̄		n	x̄	x̄	
unbekannt	30	1,0	2,2	1:2,2	42	3,5	4,7	1:1,3
ohne Motiv	5	2,2	2,2	1:1	1	7,0	5,0	1:0,7
eindeutig wahnhaft	3	1,7	0xxx	1:0	4	3,5	25,8xxx	1:7,4
Bagatelle	5	0,2	1,2	1:6	4	4,0	5,3xxx	1:1,3
Liebesobjektverlust	16	1,1	1,3	1:1,2	11	6,4	1,2	1:0,18
Verluste nahestehender anderer Menschen	2	1,0	4,5	1:4,5	4	2,5	10	1:4
Familienstreit	13	2,1	0,6	1:0,86	6	9,8	5,2	1:0,53
Behördenkonflikt	14	1,3	2,1	1:1,6	9	4,6	10,4	1:2,3
Finanzielle Probleme	13	1,8	1,8	1:1	14	5,3	4,1	1:0,77

Signifikanzprüfung (chi²) gegen Gruppe »deutsche« bzw. »internationale« Fälle: xxx p<0,001 send angeschuldigt, die gewissermaßen als letzter, an sich bedeutungsloser Anlaß Amok sofort (n = 9) und hochgradig aggressiv getönt auslösten. Dies führte etwas seltener zu Todesopfern (44 % – 50 %) als im Durchschnitt.

Eindeutig wahnhafte Motive mit pseudopolitischen, hypochondrischen etc. Vorstellungen waren selten; nur sieben, zumeist emotionslos durchgeführte, fast ausnahmslos tödliche Amokläufe hatten diesen Hintergrund. Nur drei dieser Täter, sie stammten aus dem Ausland, bewirkten Verletzte, hatten dann aber extreme Opferzahlen (Tab. 5). Ausdrücklich keine, irrelevante und psychotische Symptome hatten insgesamt also nur 22 Amokläufer.

In 27 Fällen wurde Partnerverlust z. B. Trennungen bei zumeist äußerlich aggressiven Handlungen (n = 16) als auslösendes Motiv genannt, in weiteren 6 Fällen Verlust anderer Bezugspersonen wie der Tod der Eltern, Kinder etc. Bei Ersterem waren vollendete Tötungen und nur vereinzelte, versehentliche Verletzungen typisch, bei Letzterem kam es schon eher zu Verletzungen. In weiteren 19 Fällen waren familiäre Streitigkeiten auslösend, auch sie führten zu unmittelbaren und sichtlich aggressiven (n = 11) Reaktionen. Bezüglich Gefährlichkeit und Gezieltheit nahmen sie in Deutschland eine Mittelposition ein (Tab. 5). Insgesamt ging es in 52 Fällen um persönliche Konflikte und Sorgen.

Finanzielle Sorgen, Entlassungen, Umsetzungen und andere Konflikte am Arbeitsplatz waren mit 27 Nennungen wichtig. Fast genau so häufig war mit 23 Nennungen Ärger mit öffentlichen Organen wie Gerichten und Polizei; sie führten eher zu sofortiger Reaktion (n = 13), Arbeitsplatzprobleme eher nach Tagen (n = 11). Behördenkonflikte waren hierzulande immerhin ca. 50 % häufiger als anderswo auslösend. Bei den Konflikten und Problemen im sozialen Umfeld war die Unterschiedlichkeit der Motive im Detail extrem hoch: Es konnte um Anklagen wegen Inzest vor Gericht, aber auch nur um ungerecht empfundene Geldstrafen, um Millionenverluste an der Börse, öffentliche Bloßstellungen leitender Beamter, aber auch nur um enttäuschte Beförderungswünsche oder nicht gewährtes Trinkgeld bei einem Kellner gehen. 50 Amokläufer hatten insgesamt soziale Probleme.

Statistisch bedeutsame Unterschiede bezüglich Alter, Toten- und Verletztenopfer – außer den genannten – bestanden ebensowenig wie eine eindeutige Tendenz, gezielter zu töten. Umschriebene Konflikte führten zu etwas gezielteren Tötungen, insgesamt aber variierten die T/V-Relation erheblich.

5.4 Täter-Opfer-Beziehung

Die Darstellungen der »typischen« Täter-Opfer-Beziehung variierten bei den Autoren erheblich. Der vielleicht häufigste beschriebene Fall dürfte ein Amok sein, der mit Verwandten, Bekannten oder Konfliktpartner beginnt und sich dann auf Fremde und völlig Unbeteiligte ausweitet; die Opfer können sich aber auch auf jede Gruppe beschränken. Die Täter-Opfer-Beziehung wurde zunächst nach Konfliktnähe – gelegentlich benannt, ohne daß das Motiv klar war – und dann nach Art des persönlichen Bekannt- oder Verwandtschaftsgrades untersucht. Dabei ergaben sich inhaltliche Überschneidungen und analoge Ergebnisse; die Ergebnisse zu den persönlichen Beziehungen werden eingehend dargestellt (Tab. 6).

5.4.1 Konfliktbeteiligung der Opfer

Nur in 24 Fällen (12%) wurde die (Nicht-)Beziehung des Opfers zum auslösenden Motiv/Konflikt und Täter nicht dargestellt; sie waren durchschnittlich alt und gefährlich. 30 Taten blieben auf die Familie beschränkt. Wegen der Besonderheiten bei den Angriffszielen und den immer möglichen, nicht benannten innerfamiliären Konflikten werden sie im nächsten Abschnitt erörtert.

Bei 19 Fällen (9,6%) blieb der Amok auf den Konfliktpartner begrenzt; es ging um unterdurchschnittlich gefährliche (Gesamtgruppe: $\bar{x} = 2{,}2$ Tote, n.s.; $\bar{x} = 2$ Verletzte, n.s.), oft deutlich sichtbar aggressive (n = 9) und kurze (n = 12) Handlungen von älteren Männern ($\bar{x} = 42{,}2$ Jahre, $p < 0{,}05$) mit vorbereiteten (n = 12) Schußwaffen (n = 10) oder Waffenarsenalen (n = 3). Weitere 8 Männer – davon 6 Handwerker – griffen zunächst ebenfalls den Konfliktpartner an, schädigten darüber hinaus aber versehentlich Dritte – etwa durch Zufallstreffer (Gesamtgruppe: $\bar{x}$ = 3,6 Tote, n.s.; $\bar{x}$ = 1,2 Verletzte, n.s.). Sie waren sonst mit der Vorgruppe vergleichbar.

In 15 Fällen wurde der Amok auf Dritte aktiv ausgedehnt, etwa durch deren Einschreiten, ohne daß der Täter dies erkennbar wollte. Die ebenfalls mit vorbereiteten (n = 9) Schußwaffen durchgeführten Taten waren unterdurchschnittlich gefährlich (Gesamtgruppe: $\bar{x}$ = 2,4 Tote, n.s.; $\bar{x}$ = 3,2 Verletzte, $p < 0,05$); ansonsten fanden sich keine Besonderheiten. 4 Täter begannen mit dem Konfliktpartner, dehnten dann den Amoklauf aber gezielt auf ausgewählte Dritte aus. Sie töteten sehr gezielt überdurchschnittlich viele Menschen, verletzten aber wenige (Gesamtgruppe: $\bar{x}$ = 4,3 Tote, $p < 0,001$, $\bar{x}$ = 0,3 Verletzte, $p < 0,001$) und richteten ausnahmslos kaum Sachschaden an; alle anderen Eigenschaften streuten.

Noch gefährlicher waren nur 19 Männer und 1 Frau, die auch mit dem Konfliktpartner begannen, dann aber den Amok wahllos auf Dritte ausdehnten: Sie forderten die meisten Todes- und Verletztenopfer bei diesen unabhängigen Variablen überhaupt (Gesamtgruppe: $\bar{x}$ = 5,0 Tote, $p < 0,05$; $\bar{x}$ = 6,5 Verletzte, $p < 0,001$). Auch diese Taten waren meistens mit vorbereiteter (n = 12) Schußwaffe (n = 14) durchgeführt worden und kurz (n = 12).

Sie kontrastierten zu den völlig wahllos durchgeführten Handlungen, die mit 76 (38%) Fällen (davon 4 Frauen) fast genauso häufig waren, wie die unterschiedlichen Formen mit Konfliktpartnerbeteiligung (Σ n = 96 [49%]). Es ging um besonders junge Täter (Gesamtgruppe: $\bar{x}$ = 30,0 Jahre, $p < 0,001$) mit wenigen Toten, aber vielen Verletzten (Gesamtgruppe: $\bar{x}$ = 2,1 Tote, $p < 0,001$; $\bar{x}$ = 6,3 Verletzte, $p < 0,05$); nur bei 49% kam es überhaupt zu Todesopfern. Zwei Drittel (n = 23) aller Taten mit erheblichem Sachschaden gehören hierher. Sie dauerten zumeist unter 2 Stunden (n = 47) und wurden etwa zu gleichen Teilen mit vorbereiteter (n = 35) bzw. zufällig greifbarer (n = 23) Waffe durchgeführt. Die Waffenart variierte deutlich: Am häufigsten waren zweckentfremdete Waffen (n = 30, 70% aller Täter, die

Tabelle 6: Gefährlichkeit in Abhängigkeit von der Art der Täter-Opfer-Beziehungen. Häufigkeiten, Todes- und Verletztenopfer, Tote/Verletzte-Relation (T/V). Deutsche und internationale Fälle getrennt dargestellt.

	BRD				Internationales Ausland			
	Häufigkeit	Tote	Verletzte	T/V	Häufigkeit	Tote	Verletzte	T/V
	n	$\bar{x}$	$\bar{x}$		n	$\bar{x}$	$\bar{x}$	
unbekannt	3	1,3	0xxx	1:0,0	2	2	3,0	1:1,5
Kinder	4	1,5x	0,3x	1:0,2	0	–	–	–
Intimpartner(-innen)	2	1,5	0,5	1:0,33	0	–	–	–
Nur Familie	6	4,2xx	0,2*	1:0,05	2	3,5	0,5	1:0,14
Sippe (incl. Familie)	7	4,0	0,3	1:0,08	4	5,0*	0,3xxx	1:0,06
Sippe und Fremde	6	2,2	0,7	1:0,3	15	5,9	0,6	1:0,1
Sippe und Bekannte	5	1,8	2,2*	1:1,2	12	5,3	4,7	1:0,9
Freunde und Bekannte	7	1,3	1,9*	1:1,5	8	10	6,8	1:0,7
Fremde	61	0,6xxx	2,3	1:3,8	52	3,3	8,4	1:2,5
Summe	101	1,3±1,7	1,7±3	1:1,3	95	4,6±4,4	5,9±11	1:1,3

Signifikanzprüfung (chi²) gegen Gruppe »deutsche« bzw. »internationale« Fälle:
* $p<0,1$
x $p<0,05$
xx $p<0,01$
xxx $p<0,001$

diese einsetzten), andererseits waren aber auch Waffenarsenale überrepräsentiert (n = 10, 50% aller, die Waffenarsenale einsetzten), während Schußwaffen (n = 26) und atypische Waffen (n = 11) unterdurchschnittlich oft eingesetzt wurden.

Der Vergleich zwischen deutschen und internationalen Fällen zeigt, daß abgesehen von der Höhe der Opferzahl die Reihung nach Gefährlichkeit gleich ist.

5.4.2 Persönliche Beziehungen

Die persönlichen Beziehungen zwischen Täter und Opfer waren noch besser bekannt und vor allem eindeutiger; die Daten zur Häufigkeit und Gefährlichkeit wurden in Tabelle 6 zusammengestellt und sollen hier nur noch kommentiert werden. Sehr deutlich wurde eine generelle Tendenz, daß je näher die Opfer verwandtschaftlich dem Täter standen je geringer die Wahrscheinlichkeit war, daß die Opfer »nur« mit Verletzungen davon kamen: Die Taten gegen die Familie waren in Deutschland mit einem Tote:Verletzte-Quotienten von 1:0,05–0,33 enorm gezielt. Waren Freunde und Bekannte zusätzlich involviert, tendierte der Quotient gegen 1:1 und waren nur Fremde betroffen, überwogen Verletzte 4fach. Im Sinne finaler Gezieltheit waren Taten gegen Nahestehende fast ausnahmslos tödlich.

Bei fast allen Familiendramen blieben die Motive im Dunklen, weil – im Vorgriff gesagt – auch die Täter verstarben (siehe Tab. 12). Aus diesem Grund war ihnen auch gemeinsam, daß die Dauern entweder unbekannt oder kurz waren und die Täter am Tatort – nämlich tot – zurückblieben. Bei den 4 Kindstötungen – gewöhnlich ein Tötungsdelikt von Frauen – waren wider Erwarten auch 2 Männer beteiligt. Noch geringere Opferzahl bewirkten nur 2 tateinheitliche Angriffe auf Geliebte/Partnerin und/oder Gattinnen; hier dürfte die begrenzte Opferzahl limitierend gewirkt haben. Achtmal wurden Lebenspartner und Kinder angegriffen. Hervorzuheben war bei diesen sehr gefährlichen Handlungen, daß es sich um zumeist Angestellte (n = 7) handelte. 11 ältere Täter ($\bar{x}$ = 43,1 Jahre; $0 < 0,05$) griffen darüber hinaus noch andere Verwandte an; bei keinem war Arbeitslosigkeit bekannt. Wurden über die Familie incl. Verwandtschaft hinaus zusätzlich noch Bekannte (n = 21) oder Fremde (n = 15) angegriffen, waren die Taten besonders gefährlich. Bekannte waren in diesem Fall zumeist Arbeitskollegen (n = 11). Dabei ging es überwiegend um kurze (n = 13) Angriffe mit Schußwaffen (n = 12). Wurden zusätzlich Fremde angegriffen, ging es zumeist um in einer nichtehelichen Partnerschaft (n = 11) lebende Männer (n = 20), die oft mit vorbereiteter (n = 10) Schußwaffe längere Amokläufe (n = 9) begingen und dann – abweichend von sonstigen Familientätern – öfter flohen (n = 7).

113 (57%) ausschließlich Fremde angreifende Amokläufer kontrastierten zu diesen »Beziehungs«-Amokläufen nicht nur durch geringere Gefährlichkeit und Gezieltheit. Diese jüngste Tätergruppe ($\bar{x}$ = 32,0 Jahre, $p < 0,05$) lebte altersentsprechend oft alleine (n = 19) oder in nichtehelichen Partnerschaften und war noch in Ausbildung, ungelernt oder etwas bevorzugt Handwerker. Die Taten waren häufig sichtlich aggressiv gewesen (n = 36) und wurden öfter auch mit zufällig greifbaren Waffen durchgeführt (n = 39). Dabei wurden entfremdete Gegenstände öfter (n = 39), Schußwaffen (n = 49) und Waffenarsenale (n = 12) durchschnittlich häufig und atypische Waffen nur selten eingesetzt.

5.5 Psychische Störungen der Täter

Die Frage nach der psychischen Gestörtheit der Täter gehört sicher zu den wichtigsten und am kontroversesten diskutierten Themen im Zusammenhang mit Amok überhaupt. Von sozial bedingten, normalen Belastungsreaktionen bis hin zu Psychosen dürften alle wesentlichen Syndrome der Psychiatrie als typisch oder doch zumindest als besonders häufig angeschuldigt worden sein. Wer Amok begeht, muß allgemeinem Vorverständnis zufolge wohl impulsiv-aggressiv sein; derartige pauschale Zuschreibungen sind tautologisch. Registriert wurden nur Aussagen über die Person des Täters, die sein konkretes Verhalten früher und während der Tat beschrieben oder Mitteilungen von Diagnosen vor Ort.

5.5.1 Primärpersönliche Auffälligkeiten

Unabhängig von der Tat galten 98 Amokläufer als z. T. vielfältig auffällig, nur 13 Täter sollen ausdrücklich unauffällige Menschen gewesen sein; bei 85 lagen keine Informationen vor (Tab. 7). 78 Tätern wurden psychopathologische Auffälligkeiten zugeschrieben (zur Gruppe »Psych« für statistische Gruppenvergleiche zusammengefaßt). Aggressiv, sexuell abstinent und kontaktscheu wurde am häufigsten genannt. Unter »sonstigen Auffälligkeiten« wurden z. B. hypochondrische, querulatorische, eifersüchtige und paranoid-mißtrauische Züge subsumiert. Bei Mehrfachnennungen waren passiv-gehemmte und aggressiv-agierende Eigenschaftskombinationen der Regelfall. So galten von den aggressiven Tätern 21 gleichzeitig als sexuell abstinent und 10 als kontaktscheu. Von den 21 sexuell abstinenten Tätern hatten 5 von 6 insgesamt zugleich die Zuschreibung ungewöhnlicher sexueller Praktiken wie Fetischismus oder sexuelle Perversionen im engeren Sinne. Alle 6 Täter mit sexuell abnormen Praktiken galten auch als aggressiv.

Erhöhte Affinität zu Waffen oder Zugehörigkeit zu waffentragenden Institutionen wurde kasuistisch häufiger berichtet. Untersucht wurde deshalb, welche Beziehung Amokläufer zu Waffen (Tab. 7) hatten. Bei 53 Fällen wurde ein erhöhtes Opportunitätsbudget für Waffen mitgeteilt (zur Gruppe »Mil« für statistische Gruppenvergleiche zusammengefaßt). Davon waren 36 Täter in waffentragenden Institutionen tätig. Naturgemäß überwogen Soldaten mit 30 Nennungen, wovon 4 sog. Kampfausbildungen erhielten. Soldaten wurden öfter problematische psychische Eigenschaften zugeschrieben wie in je 9 Fällen Aggressivität und sexuelle Abstinenz (in 3 Fällen mit ungewöhnlichen Sexualpraktiken verbunden), Waffenfanatismus in 7 Fällen etc. Ähnlich auffällig waren die 5 Täter, die in Schießvereinen oder bei Wachgesellschaften

Tabelle 7: Primärpersönliche Besonderheiten und Zugang zu Waffen von Amokläufern. Häufigkeiten* (n). Deutsche und internationale Fälle getrennt dargestellt.

Auffälligkeit	BRD	Ausland
Zugang zu Waffen		
Institutionell:		
– Soldat	11	19
– (mit Spezialausbildung)	(1)	(3)
– Polizei	2	5
– Schießvereine	1	1
– Wachgesellschaften u.ä.	1	2
Waffennarr	14	12
Privater Schußwaffengebrauch:		
– sozial akzeptiert	7	4
– sozial unüblich	5	5
Psychische Auffälligkeiten		
– kontaktscheu	13	9
– aggressiv	23	16
– sexuell abstinent	22	14
– ungewöhnliche sexuelle		
Praktiken u.ä.	2	4
– Delinquenz	12	6
– sonstige Auffälligkeiten	10	11
Psychiatrische Erkrankungen	8	4

* Mehrfachnennungen möglich.

tätig waren. Die 7 Polizisten hatten dagegen nur ganz vereinzelte Nennungen bei anderen Auffälligkeiten. Elf der 26 Waffennarren sollen sexuell abstinent und 8 kontaktscheu gewesen sein. Natürlich häuften sich auch gleichsinnige Eigenschaftszuschreibungen; von 39 aggressiven Tätern waren 15 Waffennarren, 12 vorbestraft oder gerade angeklagt und schossen 11 in sozial unüblichen Situationen wie z. B. aus dem Fenster heraus oder in Konflikten.

Die Altersverteilung bei allen unabhängigen Variablen ließ keine statistisch relevanten Unterschiede erkennen. Soldaten, Vorbestrafte und vorher als psychiatrisch krank bekannte Amokläufer waren im Mittel um oder etwas über 30 Jahre alt und in der Reihung damit besonders jung, psychisch »sonst auffällige« Persönlichkeiten, Waffennarren und Mitarbeiter von Wach- und Schießgesellschaften um oder über 40 Jahre und in der Reihung besonders alt.

Fast alle Subgruppen mit Nennungen bei einer der unabhängigen Variablen »erhöhtes Opportunitätsbudget zu Waffen« (Gruppe: Mil) und »primärpersönliche psychische Auffälligkeiten« (Gruppe: Psych) waren gegenüber der Gesamtgruppe signifikant gefährlicher. Weil Gefährlichkeit jedoch ein selektierender Faktor war, wurden getrennte Untersuchungen der deutschen und internationalen Fälle für die Subgruppen »Mil« und/oder »Psych« durchgeführt und zum Vergleich den Tätern gegenübergestellt, die keine Nennungen hatten. Es zeigte sich, daß nur die internationalen Fälle signifikant gefährlicher (Tab. 8) waren, während die deutschen Fälle sogar unterdurchschnittlich viele Tote und viele Verletzte aufwiesen.

> Grund war, daß in Deutschland besonders viele Familienamokläufe mit hoher Todesopferzahl vorkamen, bei denen gewissermaßen alle Zeugen der Tat beseitigt waren und der Kontext einer Familie möglicherweise viele Besonderheiten zu decken half (siehe Kapitel 5.6.), so daß hier die Täter ohne Nennungen besonders gefährlich waren.

Bei den Tätern mit Nennungen bei den Variablen zu primärpersönlichen Auffälligkeiten waren überall die am gefährlichsten, die mindestens eine Nennung bei den Waffenitem und bei psychischen Auffälligkeiten (Mil. und Psych.) hatten. In Deutschland waren sie zwar nur bei Verletztenzahlen signifikant gefährlicher, bewirkten aber ebenfalls die meisten Todesopfer. Rein durch »Psych«-Variablen vorher auffällige Täter waren auch international nicht signifikant tödlich-gefährlicher. Bei ihnen waren tendentiell überall die gehemmt-passiven Täter gefährlicher als die

Tabelle 8: Gefährlichkeit deutscher und internationaler Amokläufer in Abhängigkeit von primär-persönlichen Auffälligkeiten (Psych) und/oder erhöhtem Opportunitätsbudget für Waffen (Mil)

Gruppe	Gesamt			BRD			Internationales Ausland	
	n	Tote ($\bar{x}$)	Verletzte ($\bar{x}$)	n	Tote ($\bar{x}$)	Verletzte ($\bar{x}$)	n	Tote ($\bar{x}$)	Verletzte ($\bar{x}$)
Keine Auffälligkeiten bekannt geworden	98	46	1,630	1,087	52	3,365	3,425
Auffälligkeiten bei Psych und/oder Mil bekannt	98	55	1,091	2,255	43	6,132[x]	8,885[xx]
Dabei Subgruppe: Psych und Mil	33	17	1,353	2,647[x]	16	9,625[xx]	9,188[xxx]
nur Mil	20	9	0,889	3,111	11	3,545	12,727[x]
nur Psych	45	29	1,000	1,759	16	4,500	5,938[x]

Signifikanztest (U-Test) gegen Gruppe »ohne Nennung« x $p<0,05$
                                                                                  xx $p<0,01$
                                                                                  xxx $p<0,001$

manifest aggressiven. Die wenigsten Toten und meisten Verletzten bewirkten die schußwaffenerfahrenen Täter der Gruppe »Mil«, denen an sich hohe Treffsicherheit unterstellt werden sollte. Die daraus ableitbaren Hinweise auf intentional-motivale Steuerung des Amoks bestätigten sich durch ein anderes Detail. Von 11 deutschen Soldaten töteten nur 2 tatsächlich, während Soldaten bei internationalen Fällen fast ausnahmslos mit hoher Opferzahl töteten. Anderseits waren in Deutschland Täter, die privat schossen, besonders gefährlich. Dies könnte durch einen Superfaktor »Waffenaffinität« erklärbar sein. Deutsche Soldaten dürften als Mitglieder einer Wehrpflichtigenarmee anders als amerikanische und englische Freiwillige nicht unbedingt waffenbegeistert sein, während privater Schußwaffengebrauch hier z. B. anders als in den USA eher Ausdruck einer besonderen Waffenaffinität ist.

Tabelle 9: Grundlagen der diagnostischen Zuordnung, n Fälle

Diagnose	Experten am Tatort	Laien am Tatort	Symptomschilderung	Summe
Psychose	16	3	11	30
Wahnkrankheit	5	-	5	10
Psychopathie	6	1	22	29
Affekttat	1	1	9	11
Intoxikation	13	12	3	28
Summe	41	17	50	108

5.5.2 Psychiatrische Erkrankung

108 Amokläufer ließen sich syndromalen Kategorien zuordnen; Tabelle 9 gibt Auskunft über die Art der Ermittlung. Dabei wurden Diagnosen vor Ort vorrangig berücksichtigt, danach erfolgte eine Einschätzung durch uns nach dem üblichen hierarchischen Klassifikationsprinzip der Psychiatrie: Fanden sich Hinweise auf eine Psychose, wurde diese registriert, bestanden solche Hinweise

Tabelle 10: Bedeutung der diagnostischen Zuordnung für die Gefährlichkeit. Häufigkeiten, Todes-und Verletztenopfer, Tote/Verletzte-Relation (T/V). Deutsche und internationale Fälle getrennt dargestellt.

	BRD				Internationales Ausland			
	Häufigkeit	Tote	Verletzte	T/V	Häufigkeit	Tote	Verletzte	T/V
	n	x̄	x̄		n	x̄	x̄	
unbekannt (Depressionen?)[1]	37 (15)	1,7 (3,1)	1,6 (0,3)	1:0,94 (1:0,09)	51 (10)	3,8 (5,3)	4,3 (0,3)	1:1,13 (1:0,06)
Wahnkrankheit	5	2,2	1,2	1:0,55	5	9,4	6,4^x	1:0,68
Psychopathie	15	1,8	1,1	1:0,61	14	7,7	11,5	1:1,49
Affektrat	7	1,3	1,4	1:1,1	4	2,5	1,8xxx	1:0,72
Psychose	17	1,1	3,2	1:2,9	13	3,7	4,7	1:1,27
Intoxikation	20	0,3	1,4	1:4,7	8	4,1	10,1	1:2,46
Summe	101	1,34±1,71	1,72±2,98	1:1,3	95	4,63±4,97	5,9±11,2	1:1,28

Signifikanzprüfung (chi2) gegen Gruppe »deutsche« bzw. »internationale« Fälle: x $p<0.05$
xxx $p<0.001$

[1] vgl. Text: darunter erweiterter Familiensuicid bei möglichen depressiven Syndrom

nicht, wurden psychopathische Züge berücksichtigt und danach Affekttaten bzw. Intoxikationen aufgeführt. Über diese groben Einteilungen hinaus waren Zuordnungen nicht möglich.

Unter den verbleibenden 88 diagnostisch nicht direkt zuordbaren Fällen befanden sich 25 Amokläufer für die galt, daß sie als bislang unauffällige Menschen immer Familienmitglieder, selten auch zusätzlich andere angriffen und im Anschluß an die Tat einen Selbstmord oder -versuch begingen. Diese Konstellation legt nahe, hier zumindest im Kern eine (endogen-)depressive Untergruppe zu vermuten. Stimmte diese Annahme, wären 133 Täter einer diagnostischen Kategorie zuzuordnen.

Erweiterter bzw. reiner Familienamok war in über 2/3 der Fälle mit fehlender – jedenfalls direkter – diagnostischer Zuordnung verbunden, während Amok gegen Fremde überwiegend von Tätern mit bekannter Diagnose (Anteil von Amokläufen gegen Fremde in %) begangen wurde: Intoxikierte (89%), Wahnkranke (80%), Psychotiker (65%), Psychopathen (55%) und Affekttäter (45%).

Tabelle 10 zeigt die Häufig- und Gefährlichkeit der einzelnen Syndrome getrennt nach deutschen und internationalen Fällen. 30 oder etwas weniger Fälle konnten jeweils Psychosen, Psychopathien und Intoxikationen zugeordnet werden. Affekttaten und Wahnkrankheiten waren jeweils mit etwa 10 Fällen vertreten. Statistisch relevante Unterschiede bei der Altersverteilung bestanden nicht. Am ältesten waren Psychopathen und Wahnkranke, am jüngsten Psychotiker und Intoxikierte.

Gefährlichste Gruppe waren die Wahnkranken; sie töten immer und viele Menschen, dicht gefolgt von den Psychopathen. Wahnkranke hatten in 3 Fällen pseudopolitische Motive, Psychopathen in 15 Fällen Behördenkonflikte und finanzielle Probleme; ansonsten streuen die auslösenden Motive breit. Primärpersönliche Auffälligkeiten häuften sich bei diesen beiden Tätergruppen. Etwa die Hälfte der Wahnkranken hatten Zuschreibungen wie: Aggressiv, Waffennarr, schoß außerhalb sozial üblicher Situation bzw. war »sonst auffällig«. Sie benutzten ausschließlich vorbereitete Waffen; in 6 Fällen handelte es sich um Schußwaffen, in 2 um Waffenarsenale. Psychopathen galten zwar auch häufig als aggressiv (n = 17) oder als Waffennarren (n = 10), hatten aber auch häufig »gehemmt-passive« Zuschreibungen erhalten: sexuell abstinent (n = 13), kontaktscheu (n = 8) etc. Bis auf 5 Fälle benutzten alle vorbereitete Waffen, davon 10mal Schußwaffen und 7mal Waffenarsenale.

Psychotiker lagen hinsichtlich ihrer Gefährlichkeit im Mittelfeld. Sie waren in Deutschland und international jeweils knapp durchschnittlich gefährlich. In 8 Fällen war die Psychose auch schon vorher bekannt, in 9 Fällen wurde von Aggressivität und sexueller Abstinenz gesprochen. Drei waren Waffennarren und 4 hatten in sozial unüblichen Situationen geschossen. Psychotiker benutzten seltener vorbereitete und häufiger atypische und ungewöhnliche Waffen. Die auslösenden Motive streuten breit; soweit sie nicht (n = 17) unbekannt blieben.

Bei Intoxikierten müssen Selektionseffekte berücksichtigt werden. Deutsche Fälle waren recht ungefährlich, internationale unterrepräsentiert und anscheinend nur bei hoher Gefährlichkeit berichtenswert. Sie handelten erwartungsgemäß eher ungerichtet: Nur bei einem Drittel kam es zu Tötungen, aber häufig zu vielen Verletzungen. Sie stellten 16 von 35 Fällen insgesamt mit erheblichem Sachschaden. Sie griffen häufig zu unvorbereiteten, atypischen oder ungewöhnlichen Waffen. Die vorher unauffälligen Affekttäter töteten aus Trennungssituationen und aktuellen Konflikten heraus gezielt 1–3 Menschen und verletzten nur wenige. Die Waffenwahl erfolgte spontan.

5.6 Ende des Amoklaufes für den Täter

Der klassische malaiische Amok galt einigen Autoren als Sonderform eines erweiterten Suizides; zumindest war der Täter mit Beginn des Amok »vogelfrei«, wurde mit allen Mitteln bekämpft und mußte mit dem Tod rechnen. Amok in westlich akkulturierten Ländern wurde z.B. als »extrafamiliar suicide« und »pseudocommando« ebenfalls unter erweitertem Suizid subsumiert, wobei es jeweils strittige Anteile derer gab, die überlebten. Offen ist auch, ob Rückschlüsse von überlebenden auf sterbenden Amokläufer möglich sind: Ähnlich wie bei Suizidversuchern versus vollendeten Suizidenten könnte es sich um unterschiedliche Gruppen handeln.

5.6.1 Ausgang unbekannt

Bei 14,8% (n = 29) war der Ausgang des Amoks für den Täter nicht dargestellt worden. Es handelte sich überwiegend um Meldungen aus dem Ausland (n = 21). Von diesen Taten wurden bei knapp überdurchschnittlicher Gefährlichkeit oft nur die Tatwerkzeuge (Schußwaffengebrauch: n = 20) und die Täter-Opfer-Beziehung (Fremde: n = 17) berichtet. Soziodemographischer Hintergrund, Primärpersönlichkeit, Motive und syndromale Zuordnungen der Täter blieben in mehr als der Hälfte der Fälle im dunklen.

5.6.2 Tödlicher Ausgang für den Täter

Bei 85,2% (n = 167) aller Fälle war der Ausgang bekannt. Davon (167 = 100%) waren 33,5% durch Suizid und 6,6% durch Fremdeinwirkung gestorben. Sterbende Amokläufer bewirkten sowohl in Deutschland als auch international den höchsten Anteil an vollendeten Tötungen und die höchsten Toten- und Verletztenopferzahlen (Tab. 11). Suizidenten bildeten innerhalb der deutschen Gesamtgruppe die gefährlichste Gruppe überhaupt. Durch Fremdeinwirkung – immer die Polizei – Getötete begingen im Ausland die gefährlichsten Taten; die 2 deutschen Fälle waren jedoch nur durchschnittlich gefährlich, so daß selektive Prozesse berücksichtigt werden müssen. Etwa bei 3/4 wurden vorbereitete Schußwaffen bis hin zu Waffenarsenalen eingesetzt; soweit die Tatdauer bekannt wurde, ging es zumeist um sich mehr als 2 Stunden hinziehende Handlungen. Dem Tod des Täters ging vor allem bei Suizidenten oft (n = 43) eine Flucht bzw. Entfernung vom Tatort voraus.

Tabelle 11: Bedeutung des Ausgang des Amoks für den Täter selbst für die Gefährlichkeit der vorausgehenden Tat. Häufigkeiten, Todes- und Verletztenopfer, Tote/Verletzte-Relation (T/V). Deutsche und internationale Fälle getrennt dargestellt.

Ausgang	BRD				Internationales Ausland			
	n	Tote x̄	Verletzte x̄	T/V	n	Tote x̄	Verletzte x̄	T/V
unbekannt	8	1,4	2,0	1:1,4	21	4,4	5,9	1:1.3
Suicid								
– vollendet	27	3,0xxx	2,1	1:0,7	29	5,2	6,0	1:1,2
– versucht	8	0,8	0,9	1:1,1	1	4,0	4,0	1:1
Tod durch Polizei	2	1,0	2	1:2	9	6,1	6,1	1:1
Entwaffnung								
– nach Widerstand	38	0,4xx	1,5	1:3,8	29	4,1	5,9	1:1,4
– ohne Widerstand	14	1,3	2,0	1:1,5	4	2,8x	9,5xxx	1:3,4
Selbststellung	4	0,3	1,5xx	1:5	2	3,0	2,5	1:0,8

Signifikanzprüfung (chi²) gegen Gruppe »deutsche« bzw. »internationale« Fälle: x $p<0,05$
                                                                                 xx $p<0,01$
                                                                                 xxx $p<0.001$

Soziodemographische Unterschiede waren zwischen beiden Gruppen eher gering; die Informationen waren bei Suizidenten vollständiger als bei den durch Fremdeinwirkung gestorbenen. Knapp ²/₃ waren verheiratet, Geschiedene o. ä. bildeten Ausnahmen. Durch Polizisten Getötete bildeten die älteste identifizierte Subgruppe überhaupt ($\bar{x}$ = 44,1 Jahre), erreichten maximal »Blue-collar«-Status und waren vor der Tat alle ohne feste Anstellung. Suizidenten waren im Mittel knapp 40 Jahre alt, hatten aber kontrastierend den höchsten Anteil besser qualifizierter Täter (57% aller Akademiker, 50% aller Angestellten) und waren unterdurchschnittlich oft ohne feste Anstellung (24%).

Über primärpersönliche Besonderheiten wurde unterdurchschnittlich oft berichtet – zum Teil lagen sehr genaue Recherchen, oft aber nur kurze Notizen vor, die das Unerklärliche der Tat heraushoben. Drei durch Fremde Getötete waren Waffennarren (n = 3), ansonsten streuten die Einzelnennungen breit. Suizidenten galten am häufigsten als kontaktscheu (n = 11), sexuell abstinent, aggressiv und waren Soldaten, Waffennarren (je 10 Fälle) und vorbestraft (n = 8). 8 von 9 Suizidabschiedsbriefschreibern starben tatsächlich; auch die vereinzelten Hinweise (n = 10) auf nosologisch unspezifische depressive Syndrome in der Anamnese fanden sich hier.

Als Tatmotive wurden (soweit bekannt: Suizid: n = 40, Fremdtötung: n = 7) überwiegend Konflikte angegeben, die sich gleich häufig im familiären Bereich, am Arbeitsplatz, um Geld oder mit Behörden ergaben (Suizid: n = 29, Fremdtötung: n = 5). Trennungssituationen – im Gesamtkollektiv mit ca. 40% gleich häufig wie Konflikte – waren seltener (Suizid: n = 7, Fremdtötung: n = 1) und völlig inadäquate Motive Ausnahmen. Beide Tätergruppen waren in ca. 65% der Fälle syndromal nicht unmittelbar zuzuordnen. Suizidenten waren noch am ehesten Psychopathen (n = 11) oder intoxikiert (n = 5).

Ein wesentlicher Gruppenunterschied bestand in der Täter-Opfer-Beziehung (Tab. 12). Amok ausschließlich gegen die Familie und Sippe endete zu 73% mit Suizid, bei auf Bekannte und Fremde erweiterte Familienamokläufen oder gegen Bekannte allein waren es noch 32% und von ausschließlich gegen Fremde ge-

Tabelle 12: Ausgang des Amok für den Täter und die Täter-Opfer-Beziehung*

	Suicid			Entwaffnung und Widerstand		freiwillige Stellung
	vollendet	Versuch	Tod durch 3.	mit	ohne	
Nur Familie oder Sippe	19	3	0	2	1	0
Sippe und Fremde, Sippe und Bekannte, Bekannte allein	17	3	2	17	3	1
Nur Fremde	20	2	9	46	14	5

* nur Fälle mit bekanntem Ausgang und bekannter Täter-Opfer-Beziehung

richteten Amokläufen nur noch 18%. Durch Fremdeinwirkung getötete Amokläufer hatten immer auch Fremde getötet; Amok gegen die Familie allein kam hier nicht vor.

5.6.3 Suizidversucher

Neun (5,4%) Amokläufe endeten mit einem Suizidversuch. Diese Täter unterschieden sich auch unter Berücksichtigung der kleinen Fallzahl deutlich von Suizidenten. Ihre Opferquote in der BRD betrug nur ein Drittel. Es handelte sich im Mittel um fast 10 Jahre jüngere Täter, die mit Stich-, Hieb- oder atypischen Waffen (n = 6) nur bei der Hälfte der Taten töteten (Tab. 11). Syndromal handelt es sich 3mal um psychotische und 2mal um intoxikierte Täter. Sie hatten keine Präferenz für bestimmte Opfer.

5.6.4 Entwaffnung nach Widerstand

Die größte Gruppe bildeten mit 67 (40,1%) die nach Widerstand festgenommenen Täter (Tab. 11), die in Deutschland signifikant ungefährlicher waren. Sie bevorzugten Messer, Beile u.ä. (n = 26) oder Gebrauchsgegenstände als Waffe (n = 14) und richteten dabei öfter hohen Sachschaden an (Auto-, Baggeramokfahrten

u. ä.). Die Taten dauerten zumeist weniger als 2 Stunden (n = 41), ehe die Täter noch am Tatort (n = 41) überwältigt wurden.

Informationen zu soziodemographischen Variablen lagen jeweils nur in knapp der Hälfte der Fälle vor. Soweit bekannt, ging es um junge ($\bar{x}$ = 30,8 Jahre) und zu 64% ledige (n = 14) Täter, die zu 60% Handwerker (n = 21), aber zu 43% ohne feste Anstellung (n = 16) waren. Sie galten primärpersönlich überproportional häufig als auffällig. Aggressiv (n = 17) und sexuell abstinent (n = 16) wurde am häufigsten genannt. Ca. die Hälfte aller »sonstig auffälligen« Täter (n = 10), zumeist extrem eifersüchtige und querulatorische Persönlichkeiten, gehörten hierhin. Motive waren soweit bekannt etwa je zu einem Drittel Objektverluste (n = 13), Konflikte mit Behörden (n = 11) und völlig inadäquate Gründe; 13 Täter hatten ausdrücklich keine, nur geringfügige Gründe bzw. wahnhafte Motive. Dies ist plausibel, weil 19 Täter psychotisch, 4 wahnkrank und 13 intoxikiert waren. Nur 17 Täter (25,4%) ließen sich diagnostisch nicht zuordnen.

Auch die Täter-Opfer-Beziehung stellte eine Umkehr der Verhältnisse gegenüber Suizidenten dar: Opfer waren bevorzugt Fremde (69%), Ausdehnung über den Familienrahmen hinaus auf Bekannte oder Fremde war noch relativ häufig (25%), während nur ausnahmsweise reine Familientragödien vorkamen (Tab. 12).

5.6.5 Widerstandslose Festnahme

Achtzehn (10,8%) Amokläufer ließen sich widerstandslos festnehmen. Insgesamt waren sie signifikant weniger gefährlich als die Gesamtgruppe ($\bar{x}$ = 2,8 Tote, $p < 0,05$), verletzten aber am meisten ($\bar{x}$ = 9,5 Verletzte; $p < 0,001$). Bei den 14 deutschen Fällen waren 3 dabei, die über die Hälfte aller Todesopfer verursachten; diese Ausreißer bewirkten eine insgesamt durchschnittliche Gefährlichkeit (Tab. 11). Im Unterschied zu nach Widerstand Festgenommenen benutzen sie bevorzugt Schußwaffen (n = 11), griffen noch ausgeprägter nur Fremde an und flohen öfter (n = 10). Soziodemographisch waren die im Mittel 37,5 Jahre alten Täter etwas häufiger verheiratet oder geschieden und beruflich als Akademiker und Angestellte avanciert. Primärpersönlich, motival und diagnostisch unterscheiden sie sich sonst kaum von den gewaltsam Festgenommenen.

5.6.6 Selbststeller

Sechs Selbststeller waren jung und ungefährlich; sie ähnelten auch sonst den Suizidversuchern. Sie griffen aber fast nur Fremde an und gleichen darin den widerstandslos Festgenommenen.

5.6.7 Identifikation von Amokläufer-»Typen«

Amokläufe und Amokläufer wurden anhand sehr unterschiedlicher Kriterien charakterisiert, keine Eigenschaft erlaubte eine stringente Zuordnung zu anderen unabhängigen Variablen. Häufigkeiten einer Kombination 2er Variablen in 2/3 bis 3/4 der Fälle müssen schon als besonders deutlich gelten. Explorative clusteranalytische Untersuchungen zur Ermittlung von Gruppen typischer Amokläufe scheiterten an den häufigen »missing-data«. Dagegen führten diskriminanzanalytische Untersuchungen zur Trennbarkeit von Gruppen bei unabhängigen Variablen wie »Waffenart«, »Täter-Opfer-Beziehungen« und zum »Ausgang der Tat für den Täter« immer wieder zu sehr ähnlichen trennenden Faktoren; letztere waren besonders eindeutig und sollen deshalb dargestellt werden.

5.6.7.1 »Überlebende« und »sterbende« Amokläufer

Vier aus methodischen Gründen zusammengefaßte, etwa gleich große Gruppen »Ausgang unbekannt«, »tödlicher Ausgang für den Täter«, »gewaltsame Überwältigung ohne Tod«und »gewaltloses Ende (widerstandslose Entwaffnung, Suizidversuch, Selbststellung)« wurden durch einen Faktor getrennt, der Signifikanzniveau knapp verfehlte (chi^2 = 20.460, df = 12, p<0,1). Seine Gruppenmittel zeigten, daß die Gruppe der getöteten Amokläufer das eine Extrem bilden (.79) und das andere die mit gewaltlosem Ausgang (–.71). Die, bei denen der Ausgang unbekannt

Tabelle 13a: Diskriminanzanalytisch optimal trennender Faktor* zwischen überlebenden und im Verlauf des Amok sterbenden Tätern. Variablen geordnet nach dimension of loading.

Positiver Pol		Negativer Pol	
Suicid am Ende	.64	Gegen Fremde gerichteter Amok	-.70
Familienbezogener Amok	.59	Fremde ausschließlich Opfer	-.66
Verheiratet	.52	Zufällige Opferwahl	-.48
Lebt mit Partner zusammen	.47	Entwaffnung	-.48
Geringer Sachschaden	.47	Familienstand unbekannt	-.47
Hohe Todesopferquote	.45	Lebensgemeinschaft unbekannt	-.47
Schußwaffengebrauch	.4o	Atypische Waffe	-.47
Feste berufliche Anstellung	.4o	Zufällig greifbare Waffe	-.46
Keine Flucht	.37	Erheblicher Sachschaden	-.46
Opfer aus Familie und der Sippe	.37	Ausbildung unbekannt, ausgeübter Beruf unbekannt	-.40
Diagnose unbekannt	.35	Intoxikiert bei Amok	-.39
Dauer der Tat unbekannt	.35	Beschäftigung unbekannt	-.36
Opfer sind Partner und Kinder	.33	Diagnose durch Experten am Tatort	-.36
Höhe des Lebensalters	.29	Flucht	-.35
Angestellte Tätigkeit	.28	Amok dauert unter 2 Stunden	-.34
Vorbereitete Waffe	.23	Ist spontane Reaktion	-.27
Suicid-Abschiedsbrief	.25	Auslösender Grund Bagatelle	-.25
Familienkonflikte auslösend	.25	Psychotisches Syndrom	-.24
Syndromale Zuordnung unmöglich	.19	Im Vorfeld nicht depressiv	-.23

*chi²: 14,069, df = 5, p<0,02

Tabelle 13b: Umfrage und Gruppenmittel der in Tab. 13a dargestellten diskriminierten Gruppen

Gruppe	n	Gruppenmittel
Alle überlebenden Täter	100	-.53
Alle sterbenden Täter	67	+.79

war, standen den Getöteten näher (.29), während »gewaltsam Überwältigte ohne Tod« »gewaltlos« Aufgebenden nahe standen (–.41).

Überlebende versus sterbende Amokläufer (Tab. 13a) waren diskriminanzanalytisch signifikant zu trennen. Dieser Faktor war dem beim 4-Gruppenvergleich optimal trennenden Faktor sehr ähnlich. An seinen Polen (Tab. 13a) wurden die Item so angeordnet, daß sie sich zu sinnvollen Typen fusionieren ließen. Amokläufe, die mit dem Tod des Täters endeten, wurden typischerweise von primärpersönlich unauffälligen, berufstätigen, verheirateten, Abschiedsbriefe schreibenden, älteren Tätern mit vorbereiteten Schußwaffen begangen. Sie vernichten ihre Familie und/oder Sippe weitgehend.

Sie kontrastierten mit überlebenden, gewaltsam entwaffneten Amokläufern, die wahllos Fremde angriffen. Sie benutzten dafür typischerweise zufällig greifbare Gegenstände wie Pkw, Panzer u. ä., richteten hohen Sachschaden an und waren intoxikiert oder psychotisch, aber ausdrücklich nicht depressiv. Sie handelten aus Bagatellkonflikten heraus impulsiv. Dementsprechend dauerte die Handlung zumeist kürzer als 2 Stunden. Familienstand, Lebensgemeinschaft, Berufsausbildung etc. wurden von Journalisten als nicht berichtenswert eingeschätzt.

5.6.7.2 Sterbende Amokläufer – drei Subtypen

Die Täter-Opfer-Beziehung trennte am Ende des Amoklaufs sterbende Amokläufer in drei etwa gleich große Gruppen (Tab. 14a/b, vgl. Tab. 12).

19 Suizidenten fanden ihre Opfer ausschließlich in der Familie und töteten sehr gezielt und verletzten wohl eher nur zufällig ($\bar{x}$ = 4,2 Tote, $\bar{x}$ = 0,16 Verletzte). 17 Suizidenten griffen entweder Freunde oder die Familie und gleichzeitig Fremde an und waren die gefährlichsten, sie töteten aber nicht so gezielt ($\bar{x}$ = 6,2 Tote, $\bar{x}$ = 3,2 Verletzte). 20 nur Fremde angreifende Suizidenten töteten wenige, verletzten aber viele ($\bar{x}$ = 2,4 Tote, $\bar{x}$ = 8,8 Verletzte). Der Tote-Verletzte-Quotient als Ausdruck der Gezieltheit nahm in-

nerhalb dieser drei nach Täter-Opfer-Beziehungen geordneten Gruppen von Suizidenten von 26,3 über 1,9 auf 0,3 ab.

Diskriminanzanalytisch wurden diese drei Gruppen mit zwei sehr ähnlichen, bipolaren Faktoren insgesamt hochsignifkant getrennt (Tab. 14b); der dargestellte Faktor I (Tab. 14a) erreicht alleine Signifikanzniveau. Seine Gruppenmittel (Tab. 14b) zeigen, daß »familicide-suicide« und »extrafamiliar murder-suicide« je-

Tabelle 14a: Diskriminanzanalytisch zwischen drei Subgruppen von Suicidenten optimal trennender bipolarer Faktor (I)*. Variablen geordnet nach dimension of loading.

Positiver Pol		Negativer Pol	
Ledig	.76	Ausdrücklich unauffällige Persönlichkeit	-.74
Waffennarr	.70	Diagnostische Zuordnung unmöglich	-.70
Sexuell abstinent	.70	Handlungsdauer unbekannt	-.67
Aggressiv	.67	Familienbezogener Amok	-.61
Psychopath	.60	Waffenbeschaffung unbekannt	-.54
Kontaktscheu	.56	Zeitliche Beziehung zwischen mög. Motiv und Tat unbekannt	-.51
Lebt allein	.56	Ausdrücklich keine militärische Vorerfahrung	-.41
Vorbestraft	.55	Motiv unbekannt	-.39
Waffenarsenal	.54	Beschäftigungsverhältnis unbekannt	-.39
Opfer sind Fremde Freizeitschütze Tat wird auf Dritte ausgedehnt Keine aggressive Auseinandersetzung vorausgehend Ungewöhnliche Sexualpraktiken Tat dauert länger als 2 Stunden Akademiker Lebt bei der Mutter	.49 ⇓ .40	Schußwaffengebrauch Opfer sind Partner und Kinder Lebensgemeinschaft mit Partner Verheiratet	-.38 ⇓ -.29

*chi² (Faktor I): 16,723, df = 6, p<0,02

Tabelle 14b: Drei diskriminanzanalytisch untersuchte Gruppen mit vollendetem Suicid geordnet nach Täter-Opfer-Beziehung. Gruppenumfang und Gruppenmittel

Täter-Opfer-Beziehung		Gruppenmittel	
	n	Faktor I	Faktor II
Nur Familie und/oder Sippe	19	-.72	-.57
Sippe und Fremde/Bekannte oder Bekannte allein	17	.21	.46
Nur Fremde	20	.51	.15

weils einem Polende zuzuordnen waren, der erweiterte »familicide-suicide« aber dem letzteren nahe stand. Bei dem sehr ähnlich geordneten Faktor II kontrastierte der erweiterte »familicide-suicide« mit reinen Formen.

Um den reinen Familicide-Suicide ließen sich bei geordnetem negativem Faktorpol die Variablen zu einem Bild verdichten (Tab. 14a), bei dem typisch primärpersönlich ausdrücklich unauffällige und militärisch unerfahrene, diagnostisch nicht unmittelbar zuzuordnende (möglicherweise depressive), in Partnerschaften lebende Täter sich und die Familie mit Schußwaffen töten, ohne daß die Gründe für die Tat, Art der Waffenbeschaffung und Dauer der Handlung bekannt werden würden.

Sie kontrastierten zu ledigen, primärpersönlich vielfältig auffälligen, sexuell abstinenten, sexualperversen, kontaktscheuen, aber auch aggressiven, noch z. T. bei der alleinstehenden Mutter lebenden und gelegentlich als Akademiker qualifizierten Tätern mit ausgeprägter Waffenaffinität. Charakteristisch war, daß diese Täter den Amoklauf mit dem Konfliktpartner z. B. Familienangehörigen begannen und aktiv auf Unbeteiligte ausdehnten.

6 Zusammenfassung und Diskussion

6.1 Amok im Spektrum nichtkrimineller Tötungen

Am Ende der Darstellung dieser Ergebnisse gilt es, von den vielen, sehr ins Detail gehenden Zahlen und Daten Abstand zu nehmen und zu schauen, was denn dies alles bedeutet oder bedeuten könnte. Zunächst ist offensichtlich: Amok als eine kriminologisch-victimologisch einheitliche Tat, die von ähnlichen Tätern mit ähnlichen Motiven begangen wird, gibt es nicht. Insofern bestätigen diese Ergebnisse nicht die einzelnen Autoren, die diesen oder jenen Typus als charakteristisch darstellen, sondern nur in der Zusammenschau die Gesamtheit der Ergebnisse: Kein Autor hat für alle Amokläufe recht, aber alle für eine auch hier mehr oder minder eindeutig reproduzierbare Subgruppe.

Die Gruppen sind nicht genau zu trennen und die Übergänge fließend. Veränderte Definitionen und Ausschlüsse bestimmter Diagnosen oder Eigenschaften würden in unserem Kollektiv sofort die Häufigkeiten von Typen, deren Gefährlichkeit und Eigenschaften verändern – Frage ist, ob dies zum jetzigen Zeitpunkt der Forschung sinnvoll ist. Natürlich ist es legitim, z. B. bestimmte psychosoziale Konstellationen, Motive oder Diagnosen für wesentlich oder entscheidend zu halten – dies müßte aber nach dem Stand des Wissens erst geprüft werden: Wenn z. B. das amoknahe Episodic-dyscontrol-Syndrome des DSM-IV bei fast allen psychiatrischen Diagnosen auszuschließen ist, dann wird es zwangsläufig zu einem Syndrom bei einer diagnostischen Restkategorie, die irgendwo am Randbereich von seelischer Gesundheit und Krankheit angesiedelt sein wird. Diese Ausgrenzung wird dann natürlich umgekehrt auch selektive Aspekte des Episodic-dyscontrol-Syndrome oder in diesem Falle des Amok selbst als typisch erscheinen lassen. Die hier verwandten operationalisierten Kriterien lassen das gesamte Spektrum impulsiver tateinheitlicher mörderischer-selbstmörderischer Handlungen zu, bei denen die sonst typische Ein-Täter-Ein-Opfer-Grenze aufgelöst ist und fragt erst dann nach Diagnosen und Typen. Die einschränkungsfreie Untersuchung des Amok-Syndroms ermöglicht es, die Bedeutung einzelner Faktoren genauer – z. B. auch die von Diagnosen – zu untersuchen.

Dazu sollten zu Vergleichszwecken idealerweise entsprechende z. B. epidemiologische Daten über die Häufigkeiten von Eigenschaften, Erkrankungen etc. vorliegen und natürlich auch unsere Daten epidemiologischen Kriterien genügen: Erst aus der Abweichung wäre ggf. mit statistischen Methoden ableitbar, ob z. B. oft genannte »typische« Eigenschaften wie ledig, jung, männlich oder psychotisch überrepräsentiert sind und damit eine Besonderheit darstellen, oder diese Feststellung banal ist, weil es eben viele ledige junge Männer und Psychotiker gibt. Abgesehen von den eingehend erörterten methodischen Problemen dieser Arbeit – Sekundärmaterial, Missing-data-Struktur, Selektion der Journalisten, Repräsentativität vermutlich nur für Deutschland – sind solche Vergleiche nur zum Teil möglich. Die publizierten Daten zu Tötungsdelikten, Selbstmorden und vor allem zum erweiterten Selbstmord variieren selber z. T. aus ähnlichen Gründen stark. Dies wird durch den Forschungsgegenstand vorgegeben, der es schwer macht, bessere Daten zu gewinnen, oder wenn, dann nur durch Studien mit erheblich höherem Aufwand – wie jetzt in England geplant (Appley et al. (1997)) – die zu ihrer Vorbereitung explorative Studien wie dieser bedürfen. Akzeptiert man diese Einschränkungen, relativieren die Ergebnisse der Studie den bisherigen, überwiegend kasuistischen Stand der Amokforschung erheblich.

Erstmals konnte über bloße Schätzungen hinaus für Deutschland gezeigt werden, wie selten Amok tatsächlich ist. Amok hatte in der untersuchten Decade eine Einjahresprävalenz (immer zu 100 000 Einwohner) von 0,03 bei Männern und 0,002 bei Frauen. Dies liegt im Bereich von Schätzungen von Murphy (1982), der international von weit unter 0,1 Fällen ausgeht; genauere Daten gibt es nicht. Spores (1988) fand in malaiischen Quellen zwischen 1825–1925 nur 50 Berichte über Amokläufe; dies relativiert Vermutungen über historisch hohe Frequenzen in Malaysia deutlich. Seit den 50iger Jahren registrierte Teoh (1972) etwa 10 Meldungen pro Jahr in Malaysia, daß in diesem Zeitraum orientierend ca. 7–9,5 Millionen Einwohner hatte (Denisow et al. (1959), Statistisches Jahrbuch (1966, 1968)). Potentiell endemisches Vorkommen, Ansteckungseffekte analog dem »Werther-Effekt« und der ausufernde publizistische Gebrauch des Wortes Amok damals (van Brero (1897)) wie heute (Schünemann (1992)) machen eine Beurteilung schwierig. Amok läge damit von der Häufigkeit her um einen Faktor 10 unter dem Bereich, wie er international für Homicide-Suicide angegeben wird (z.B. Coid 1983). Homicide-Suicide soll eine Einjahresprävalenz zwischen 0,2–0,3 haben; die von psychisch kranken Gewalttätern und die von »gewöhnlichen« Morden im häuslichen Milieu mit hoher Suizidtendenz bis zu 0,5.

Neben der Übereinstimmung unserer Daten mit internationalen Schätzungen und selbst für das heutige Malaysia Südostasien ist ein weiteres, indirektes Argument für seine Seltenheit, daß Amok teilweise mit den unter Homicide-Suicide genannten Taten deckungsgleich ist, ohne damit identisch zu sein. Bei Homicide-Suicide dürften z.B. die einvernehmlich durchgeführten Selbsttötungen alter, kranker Menschen kaum je als Amok bezeichnet werden, die die Hälfte aller Fälle ausmachen sollen (Cohen (1998)). Bei Tötungsdelikten Geistesgesunder im häuslichen Milieu oder Tötungen Geisteskranker erfüllen Handlungen, die sich nur gegen einzelne Personen richten oder ohne erkennbare tateinheitliche suizidale Intention ablaufen die Amokkriterien nicht. Umgekehrt müssen Amokläufe, bei denen sich der Täter nur durch die Öffentlichkeit der Tat dem Risiko der eigenen Tötung aussetzt und überlebt, nicht zwingend als Homicide-Suicide bezeichnet werden. Zudem sind einige Täter offenbar nicht geisteskrank und die Opfer zur Hälfte Fremde. Diese nur durch vage oder variierende Definitionen abgegrenzten, fließend ineinander übergehenden Taten sind offenbar insgesamt selten; vermutlich liegt ihre Prävalenz unter 1:100 000 Einwohner/Jahr.

Wissenschaftlich dürfte wichtig sein, daß die Raten von Gewalttaten um diese Trias – Morde Geistesgesunder mit hoher Suizidneigung von Nahestehenden, Homicide-Suicide, Tötungen Nahestehender durch psychisch Kranke – international etwa gleich niedrig sind (Coid (1983), Marzuk et al. (1992), Felthous und Hempel (1995)). Dies wird durch den hohen Anteil von Tätern mit international ebenfalls etwa gleich häufigen psychiatrischen Erkrankungen erklärt. Dies für gegeben genommen und ebenfalls, daß Amok interkulturell etwa gleich selten ist, wär dies ein Hinweis für eine enge Assoziation von psychischer Krankheit mit Amok.

Die angrenzenden reinen auto- und heteroaggressiven Handlungen unterscheiden sich deutlich. Suizidversuche haben eine Einjahresprävalenz von ca. 50–300 und Suizide von 10–25 (z. B. Kreitmann (1986), Resnik (1991)). Bei Morden werden Einjahresprävalenzen von 1 bis 60 (z. B. West (1966), Pokorny (1965), Schneider (1987), Eisenberg, (1990)) gefunden. Diese variierenden Häufigkeiten werden mit unterschiedlichen sozioökonomischen und psychosozialen Ursachen begründet.

Eine weitere Ähnlichkeit des Amoks zum Homicide-Suicide-Spektrum und angrenzender Handlungen besteht demographisch beim Alter: Unsere Amokläufer sind im Mittel $34,8 \pm 12,1$ Jahre alt; in diesem Bereich bewegen sich auch insgesamt die Angaben zum Alter der malaiischen Amokläufer und beim Homicide-Suicide. Pokorny (1965) zeigte in einer größeren Vergleichsstudie, daß der Median bei Mördern, Körperverletzern und Suizidversuchern im Mittel um ein Jahrzehnt nach links (= jünger) verschoben ist; Suizide aber bis ins hohe Alter hinein immer häufiger werden. Die leicht linksschiefe, flache Altersverteilung bei den Amokläufern könnte auch unter Rückgriff auf die Ergebnisse von Böker und Häfner (Böker und Häfner (1973), Häfner und Böker (1991)) mit gleicher Gewalttatdefinition auf Subgruppen gesunder und geisteskranker Gewalttäter hindeuten. Geistesgesunde Amokläufer wären in einem für erstere typischen Gipfel um 23 Jahre repräsentiert, Geisteskranke im hohen Anteil älterer Täter. Nur als Indiz ist zu werten, daß das Durchschnittsalter deutscher Amokläufer fast identisch ist mit dem der geisteskranken Gewalttäter von Böker und Häfner (1973).

Demographisch eindeutig vom Durchschnitt abweichend ist die gefundene Geschlechtsrelation von 1:19 Männer/Frauen bei den deutschen bzw. 1:21 bei den internationalen Fällen. Bei geisteskranken und -gesunden Gewalttätern werden Relationen zwischen 1:4 bis 1:10 angegeben (Böker und Häfner (1973), Schneider (1987), Eisenberg (1990)), bei Suicide-Homicide Raten von fast 1:1 bis hin zu reinen Männertaten (Übersicht bei Felthous und Hempel (1995), Homicide-Suicide Projekt (1998)). Der geringe Anteil von Frauen am Amok kann durch zwei Gründe erklärt werden. Zum einen fehlen die bei Tötungsdelikten von Frauen allgemein hohen Anteile an Kindstötungen mit und ohne suizidalen Hintergrund (z. B. Wetzel (1920), Böker und Häfner (1973), West (1966), Rasch (1975), Marzuk et al. (1992), Felthous und Hempel (1995)) hier praktisch völlig, weil Tötungen einzelner Kinder kaum als Amok bezeichnet werden können, wenn nicht zusätzliche Momente hinzutreten. Weiterhin wird der geringere Anteil der Frauen an allen Tötungen als geringere geschlechtsspezifische Aggressivität interpretiert. Die extrem offensive Gewalttat Amok könnte für Frauen als besonders wesensfremd gelten und deshalb selten sein, wenngleich das behauptete völlige Fehlen von Frauen (Baechler (1981), Westermeyer (1985), Murphy (1982)) sich nicht bestätigt.

Offenbar unter Rückgriff auf die klassischen Hypothesen zum Suizid von Durkheim werden über demographische Besonderheiten hinaus auch bestimmte psychosoziale Konstellationen für Amok verantwortlich gemacht. Sie lassen sich im wesentlichen nicht stützen. Bei Familienstand, aktueller Lebensgemeinschaft und Stadt-Land-Relation bestehen keine Besonderheiten. Für typisch gehaltene Beziehungsstörungen, ländliche Herkunft und psychosoziale Entwurzelung (Arboleda-Florez (1985), Westermeyer (1985), Murphy (1982)) könnten hier ihren Ausdruck finden. Unterschiedlich begründete, aber häufig vorzufindende Auffassungen, daß dem klassischen malaiischen Amok ebenso wie amokähnlichen Handlungen in industrialisierten Ländern eine gescheiterte Überanpassung im sozialen Bereich vorausgeht, lassen sich dagegen stützen. Das Ausbildungsniveau scheint eher hoch und langfristiger beruflicher Abstieg selten zu sein. Die aktuelle Arbeitslosenquote ist dem gegenüber auffällig hoch. Sie betrug in den untersuchten Ländern in dieser Dekade um 6–11% (Statistisches Bundesamt (1986–90)), während fast 40% der Amokläufer ohne feste Beschäftigung waren. Amokläufern gelingt anders als gesunden Gewalttätern offenbar zunächst eine gute berufliche Qualifikation und Integration – wie mühselig und angestrengt auch immer – ehe sie im Vorfeld des Amok dekompensieren.

Amok werden kriminologisch in Übereinstimmung mit der Literatur (Carr und Tan (1976)), Schmidt et al. (1977), Westermeyer (1985)) und definitionsgemäß nur mehrere Menschen gefährdende Gewalttaten genannt. In Deutschland werden durchschnittlich pro Tat 1,3 Menschen getötet und 1,7 verletzt. In etwa einem Viertel der Fälle wird größerer Sachschaden angerichtet, der Millionenhöhe erreichen kann. Bei gleicher Gewalttatdefinition ermitteln Böker und Häfner (1973) durchschnittlich 0,55 Tote und 0,68 Verletzte bei Tötungsdelikten Geisteskranker; sie schätzten gesunde Täter vergleichbar gefährlich ein. Abweichende juristische Beurteilungskriterien machen hier wie bei anderen Variablen einen Vergleich mit Kriminalstatistiken schwierig (Malmquist (1995)). Bei Homicide-Suicide werden gelegentlich höhere Opferquoten wie hier bis zu 1,3 Opfer pro Tat angegeben, bis zu 10% der Taten haben mehr als ein Opfer (Allen (1993), Marzuk et al. (1992), Buteau et al. (1993)). Buteau et al. (1993) beschrieben für Quebec bei einem Jahrgang einmal nahezu doppelt so hohe Opferquote – weil ausdrücklich ein Amoklauf mit sehr vielen Toten unter den Homicide-Suicides war. Letztlich ist die hohe Gefährlichkeit der Amokläufer eine Folge der Definition, die sie aus dem Spektrum der anderen, nicht kriminellen und nicht politisch motivierten Tötungsdelikte heraushebt.

Der 4phasige Ablauf des Amok – eine einer Kränkung nachfolgende Grübelphase, impulsartiger Beginn, ungesteuerte Handlung, nachfolgende Ich-Fremde der Handlung mit Amnesie läßt sich nicht regelmäßig nachweisen, wäre aber auch keine Besonderheit. Ähnlich werden das präsuizidale Syndrom nach Ringel (1953), die katathyme Krise von Wertham (1937), die explosible Störung des DSM-III/IV, der Ablauf bei »sudden murder« (Blackman et al. (1963)) und selbst gewöhnliche Affekttaten (Förster und Venzlaff (1994)) beschrieben. Selbst Amnesien scheinen auch bei gewöhnlichen Morden (O'Connell (1959)) und Gewalttaten (Schacter (1986)) nicht selten zu sein. Soweit bekannt, fand etwa die Hälfte der Täter unmittelbar aus dem auslösenden Konflikt heraus und die andere Hälfte mit dann gelegentlich jahrelanger – ähnlich wie bei dem Hauptlehrer Wagner – Latenz statt. Unbeachtet der äußerlich imponierenden Impulsivität stellt sich das Verbrechen Amok bei genauer Analyse überwiegend als eine geplante Tat dar: Etwa in $2/3$ war die Tatwaffe vorbereitet und dann die Taten zumeist sehr gefährlich. Spontan gegriffene Waffen oder atypische Gegenstände führten zu eher ungefährlichen Taten – obwohl die tödliche Potenz von Panzern, Schaufelbaggern und Autos erheblich ist.

Entsprechend der »Weapon-substitution-Hypothesis« von Wolfgang dürften bei von vornherein auf Tötungen abzielenden Handlungen vorbereitete und gefährliche Waffen eingesetzt werden und andere Waffen bei minder schweren Handlungen: Die Taten sind in der Reihung Waffenarsenale, Schußwaffen, andere Waffen, entfremdete Gegenstände als Waffen abnehmend gefährlich. Das Ausmaß der tödlichen Gefährlichkeit hängt sicher auch vom tödlichen Potential der eingesetzten Waffenart (Wight et al. (1981)) ab, letzlich aber dürfte die Handlungsintention bedeutsamer sein: Je näher die Opfer dem Täter persönlich stehen, je gezielter werden Tötungen vorgenommen, während vermutlich gut trainierte Angehörige waffentragender Institutionen viel häufiger verletzen als töten. Kovariierend ist bei der Gefährlichkeit weiter zu berücksichtigen, daß der Zufall und die Art der Reaktion der Polizei wesentlich für Gefährlichkeit sein kann.

Von drei 1982 binnen Wochen in Deutschland durchgeführten Amokfahrten mit Panzern gelang es bei einer, durch Sicherungsmaßnahmen den Sach- und Personenschaden gering zu halten, während bei einer anderen über viele Opfer hinaus ein ganzer Zug, Autos und Straßeneinrichtungen zerstört wurden.
Die Häufung von drei sehr markierten Taten hintereinander, die später nie wie-

der vorkamen, ist im übrigen der einzige Hinweis auf Imitationseffekte analog dem »Werther-«Effekt bei Suiziden.

Die Art der Waffen dürften bis auf Ausnahmen die gleichen sein, die auch sonst für Morde (Tanay (1969), Schneider (1987), Eisenberg (1990)), und Homicide-Suicide (Copeland (1985), Mazuk et al. (1992), Milroy et al. (1997), Homicide-Suicide Projekt (1998)) benutzt werden; Verfügbarkeit von Schußwaffen verringert überall – auch beim malaiischen Amok (Teoh (1972)) – den Anteil der »atypischen Waffen« wie Messer, Beile etc. (Menninger (1984)). Gegenüber Suiziden fehlen aus plausiblen Gründen Methoden wie Strangulation, Gasvergiftung und ähnliches; die Benutzung von Autos und anderen zweckentfremdeten Objekten kommt bei beiden vor. Selten sind bei Amokläufern bizarre Waffen, wie sie zum Beispiel bei dem Volkhovener Flammenwerferattentat (umgebaute Gartenspritze und eine Art Spieß) auf eine Schule durch einen psychotischen Täter eingesetzt wurde. Im Resümee unterscheidet sich die Waffenwahl beim Amok-Typ »pseudocommando« (Dietz (1986), Marzuk et al. (1992), Felthous und Hempel (1995)) durch die Anhäufungen von Waffenarsenalen, bei impulsiven Handlungen durch drastische Gegenstände wie Panzer, Schaufelbagger u. ä. und bei psychotischen Tätern gelegentlich durch ungewöhnliche Formen der Waffen; im allgemeinen aber werden übliche Waffen und Gegenstände wie auch bei anderen Tötungsdelikten verwandt.

Die ermittelten Motive für Amok sind im Ergebnis über nahezu alle Bereiche des Lebens verstreut, die Konflikt, Sorgen und Nöte bewirken können und sind – vor allem in Kenntnis eingehend bekannten Fällen – zumeist schwerwiegend. Ihre Alltäglichkeit andererseits läßt sie ungeeignet erscheinen, Amok hinreichend zu erklären. Konsistente Vergleichsdaten bei Morden, Homicide-Suicide und Suiziden gibt es kaum. Bei Homicide-Suicide werden gelegentlich bestimmten Täter-Opfer-Beziehungen auch bestimmte Motive zugeordnet (z. B. Marzuk et al. (1992), Felthous und Hempel (1995), Bennan (1996)), etwas, daß sich bei Amokläufern auf der Ebene unserer Daten nicht nachvollziehen läßt.

Andere Autoren summieren unter Motiven neben Trennungserlebnissen und Streiten u. a. auch Diagnosen (Copeland (1985), Milroy (1995), Cooper und Evens (1996), Cohen et al. (1998)), als sei alles die gleiche Kategorie. Die deutschen Untersuchungen zu Morden (Rode und Scheld (1986), Rasch (1975)) ergeben ähnliche Motive mit einem stärkeren Anteil an privaten Konflikten, soweit nicht materiell-kriminelle Absichten führen.

Neben der eher oberflächlichen Kenntnis über Motive, die Journalisten zumeist nur recherchieren können, geht es letztlich um ein ungelöstes Problem, daß die forensische Psychiatrie (Förster und Venzlaff (1994)) in Zusammenhang mit Affekttaten und die soziologisch forschende Psychiatrie im Rahmen der Life-Event-Forschung beschäftigt (Kessler (1991)). Trotz intensiver Forschung auch bei weit weniger seltenen Handlungen und eingehender Kenntnis der Gesamtzusammenhänge ist es bisher nicht gelungen, die Heterogenität von Reaktionen auf Belastungen zu erklären (Kessler (1991)). Dies wirft auch für Amok die Frage nach möglicherweise entscheidenden psychischen Krankheiten auf.

Psychiatrisch ließ sich sichern, das Geisteskrankheiten und andere Störungen bei Amokläufern gegenüber der Normalbevölkerung weit überrepräsentiert sind. Anteile von Psychotikern um ein Drittel werden auch beim heutigen malaiischen Amok beschrieben, wenn man die Fallzahlen der drei größeren südostasiatischen Studien (Schmidt et al. (1977), Carr und Tan (1976), Carr (1985), Westermeyer 1973, 1985)) aufaddiert. Für die Beteiligung aktuell »endogen«-depressiver Verstimmungen gibt es in weiteren 13% der Fälle indirekte Hinweise. Die Bedeutung einer Überrepräsentation von Psychosen bei Amokläufern darf umgekehrt nicht überschätzt werden. Geht man mit Böker und Häfner von einer 1-Jahresprävalenz von ca. 5% für Psychosen in der Gesamtbevölkerung aus und weiterhin davon, daß alle Amokläufer psychotisch waren, so würde etwa jeder 15 000 männliche Psychotiker einen solchen Kontrollverlust erleiden und Frauen ca. 20fach seltener – wenn denn alle Amokläufer tatsächlich nur Psychotiker wären. Abgesehen von unaufgeklärten Fällen: Dies ist nicht der

Fall, damit das Risiko bei Psychotikern noch niedriger und der Erklärungswert der Diagnose »Psychose« für Amok als ein Risikofaktor sehr relativiert.

Ca. 15% der Amokläufer konnten als Persönlichkeitsstörungen klassifiziert werden, ohne daß anspruchsvolle diagnostische Kriterien zugrunde gelegt werden konnten. Sie waren von primärpersönlichen Auffälligkeiten, Handlungsplanung, Waffenwahl, Tatschwere, Ausgang etc. her von Wahnkranken kaum zu unterscheiden. Nicht auszuschließen ist, daß ein Teil von ihnen tatsächlich wahnkrank gewesen ist. Dafür sprechen die bei ihnen häufigen, unter »sonstige Auffälligkeiten« zusammengefaßten wahnnahen Störungen. Hauptlehrer Wagner (Gaupp (1938)) wäre in dieser Studie vermutlich als Psychopath mit Schußwaffenmißbrauch eingeordnet worden; seinen Beziehungswahn vermochte er bis zur Tat gut zu verbergen. Der charakteristische Typus des Psychopathen kann bei ausführlicher beschriebenen Fällen mit beziehungsgestört, passiv-aggressiv, hochgradig kränkbar, narzißtisch und/ oder paranoid beschrieben werden. Ähnliche Beschreibungen wurden in Malaysia u. a. im Zusammenhang mit nationalen Eigenschaften und von Arboleda-Florez (1985) und Dietz (1986) bei amerikanischen Amokläufern dargestellt, fanden sich aber auch bei Persönlichkeiten, die nur befürchten, Amok zu laufen (Lion et al. (1969), Kuehn und Burton (1969)). Eine wirkliche Besonderheit stellt dies nicht dar. Ähnliche Konstellationen wie bei psychopathischen Amokläufern finden sich psychologisch auch bei sonstigen Mördern (z. B. Blackmann et al. (1963), Goldstein (1974), Kalichmann (1988)), so daß zusammen mit tierexperimentellen und biologischen Befunden menschliche Gewalttaten incl. Mord als letztlich als Extremform reaktiv-defensive Aggression interpretiert werden kann, wobei sich dieses Reaktive-Defensive auch auf paranoide innere Vorstellungen oder erhöhte Verletzlichkeit beziehen kann (Übersicht: Albert et al. (1993)).

Vielleicht kommt der passiv-aggressiven, narzißtischen Persönlichkeit nur in Kombination mit zusätzlich erhöhter Waffenaffinität eine besondere Bedeutung zu; sicher ist aber auch das nicht. Der ca. 15% Anteil von Männer mit einem erhöhten Zugang zu

Waffen und waffentragenden Institutionen in unserem Kollektiv relativiert sich für Deutschland, wenn man die etwa gleich großen Anteile von Männern mit Zugang zu Waffen in der Normalbevölkerung sieht.

Orientierend waren in der untersuchten Dekade ca. 1 Millionen Männer über 19 Jahre in Schießvereinen organisiert (Statistische Jahrbücher 1986–90), etwa eine halbe Millionen aktuell Soldaten und ca. 2,3 Millionen Reservisten (orientierend: 350 000 Wehrpflichtige mit 1,5 Jahre Dauer = 350 000 x 6,7 Wehrpflichtigenphasen) – ältere Wehrpflichtige, Polizisten, und Mitglieder von Wach- und Schließgesellschaften nicht mitberücksichtigt.

Wesentlich dürfte nur ein individueller Waffenfanatismus sein, der in der Darstellung von Amok vom »pseudocommando«-Typ bei eingehenderer Darstellung fast nie fehlt.

Auffallend bei Amokläufern ist der im Vergleich zu sonstigen Gewalttaten eher geringe Anteil von intoxikierten Tätern, der zumeist über 50–90% angegeben wird (Wight et al. (1981), Selg et al. (1988), Mordoch et al. (1990)). Auch beim klassischen malaischen Amok werden Alkohol- und Drogenintoxikation nur selten gefunden; dies wurde im Falle des Alkohols auf kulturelle Besonderheiten wie dem Alkoholverbot des Islams zurückgeführt. Er entspricht im Groben den relativ niedrigen Quoten zwischen 6–45%, die im Zusammenhang mit Homicide-Suicide mitgeteilt werden (Copeland (1985), Eastreal (1994), Cooper und Eaves (1996), Cohen et al. (1998)) und könnte einmal mehr als ein Hinweis auf eine bewußte Handlung gewertet werden.

Abgesehen von den Fällen mit unzureichenden Informationen scheint es bei den meisten gemeldeten Amokläufen möglich, Indizien für schwerwiegende psychische Störungen der Täter aus dem gesamten Spektrum psychischer Erkrankungen zu sichern, daß von Psychosen über Wahnerkrankungen bis hin zu Intoxikationen und auffälligen Persönlichkeitszügen reicht. Die geringe Spezifität von psychiatrischen Störungen ist keineswegs auf Amok beschränkt und aus der Literatur über Homicide-Suicide bekannt (Marzuk et al. (1992), Felthous und Hempel (1995)). Gegenüber Homicide-Suicide fällt die eher geringe Rolle depressiver Störungen auf; Buteau et al. (1993)) teilten aber ähnlich niedrige Häufigkeiten mit.

Das Ende des Amoklaufs für den Täter selbst scheint ein besonders wichtiger Faktor zu sein, der enge Beziehungen zu den vorbeschriebenen Teilaspekten hat und am ehesten geeignet ist, so etwas wie Gruppen abzugrenzen. Bereits auf Grund der deskriptiven Statistik und bei Beschränkung auf die validen, ordinalskalierten und vollständig bekannten, »harten« kriminologischen Variablen werden gewisse spektrale Zusammenhänge deutlich. Am Ende durch Fremd- oder Eigeneinwirkung Sterbende sind der Reihung nach überall besonders gefährlich, bei gewaltsam Entwaffneten halbiert sich die Opferzahl und bei denen, die sich widerstandslos ergeben, Suizidversuche begehen oder sich freiwillig stellen nahezu noch einmal. Bei Mitteilungen aus Deutschland (BRD) ist die Differenz eher noch ausgeprägter, lediglich die Opferzahlen liegen um einen Faktor 2–3 niedriger. Selbstmörder töten fast immer, Überlebende nur zur Hälfte.

Der Unterschied zwischen Suizidenten und Selbstmordversuchern ist besonders eindrucksvoll. Sie markieren bezüglich Opferquoten und tötlicher Gezieltheit extreme Pole und bestätigen auch durch ihren Altersunterschied entsprechende Vermutungen von Westermeyer (1985). Zielgerichte Entschlossenheit und geringe Ambivalenz unterscheiden kontentanalytisch auch Abschiedsbriefe von Suizidenten gegenüber Suizidversuchern (Räder et. al. (1991)). Übliche Rückschlüsse von Suizidversuchern (z. B. Meier (1984), Rosenbaum und Bennett (1986)) auf Suizidenten erscheinen somit sehr problematisch.

Bei den ebenfalls fast vollständig bekannten und harten victimologischen Daten lassen sich weitere, enge Beziehungen nachweisen: Je eindeutiger die Opfer als nahestehende Menschen persönlich gemeint sind, je häufiger sind Selbsttötungen. Stammen die Opfer ausschließlich aus der Familie, suizidieren sich fast drei Viertel der Täter. Werden dagegen außer der Familie noch andere angegriffen oder sind die Opfer dem Täter nur bekannt, sinkt der Anteil auf ein Drittel und bei Angriff ausschließlich auf Fremde auf knapp ein Fünftel.

Darüber hinaus ist die Täter-Opfer-Beziehung für die Gezieltheit der Tötungshandlung entscheidend. Bei reinem Familienamok mit finalem Suizid beträgt das Verhältnis Tote/Verletzte 26,3:1, bei erweitertem Familienamok incl. des Angriffs auf Bekannte allein 1,9:1 und bei Tötung Fremder 0,3:1. Mit abnehmender Gezieltheit nimmt auch die Gefährlichkeit der Suizidenten in dieser Reihung ab, wenn man bei der Interpretation der Gefährlichkeit den Umfang der Zielgruppe berücksichtigt.

Abnehmende Gezieltheit des Tötens, Gefährlichkeit, Suizidalität und persönliche Nähe zum Opfer ist mit abnehmendem Gebrauch von vorbereiteten Waffen und insbesondere Schußwaffen verbunden, dagegen nehmen atypische Waffen und dafür entfremdete Gebrauchgegenstände und der Sachschaden zu.

Diese spektalen Beziehungen machen deutlich, daß Operationalisierungen, die nur definierte Tatausgänge, Opferzahlen (z. B. Dietz (1986)), phänomenologische Ablaufkriterien (Arboleda-Florez (1985)) oder die Täter-Opfer-Beziehung zu Grunde legen (Marzuk et al. (1992)), künstliche Grenzen ziehen.

Die Auseinandersetzung mit Ergebnissen der Literatur zum erweiterten Selbstmord allgemein und speziell zum Amok veranlaßte uns, zur möglichst umfassenden Charakterisierung solcher möglicher Kern-Syndrome, auch weniger harte, valide oder vollständig bekannte Variablen aufzunehmen. Diskrimnanzanalytisch trennen zwischen Sterbenden und nichtsterbenden Amokläufern am besten Variabeln, die Hinweise auf den Familienstand der Täter, Planung der Handlung, für eine diagnostische Zuordnung und die Täter-Opfer Beziehung geben. Der abgebildete Typus des älteren, berufstätigen, verheirateten Suizidenten, der mit vorbereiteten Schußwaffen gezielt seine Angehörigen tötet, bei dem Hinweise auf primärpersönliche Auffälligkeiten fehlen und der auch sonst diagnostisch in $2/3$ der Fälle nicht zuzuordnen ist, steht dem »family annihilator« von Dietz (1986) oder Familicide-Suicide Täter von Marzuk et al. (1992), Felthous und Hempel (1995)) sehr nahe.

Es gibt innerhalb der Suizidenten zwei gut trennbare Subgruppen. Die erste stellt eine Purifizierung des oben genannten Typus dar: Es handelt sich typischerweise um ausdrücklich unauffällige und militärisch unerfahrene und diagnostisch nicht zuzuordnende Täter, die ausschließlich Familienmitglieder zumeist mit Schußwaffen töten und praktisch keine Verletzten bewirkten. Die auslösenden Motive bleiben bei Tod aller Beteiligten im Dunkeln. Für diese Gruppe dürfte die gängige Annahme einer z. B. psychotischen Depression noch am ehesten gerechtfertigt sein. Die zweite Subgruppe bei Suizidenten kontrastiert damit deutlich: Sie greifen typischerweise Fremde an oder dehnen die Tat nach initialen Angriff der Familie auf andere aus. Sie haben diskriminanzanalytisch hohe Ladungen für Variablen, die tatunabhängig auf Persönlichkeitsstörungen hinweisen. Es sind typischerweise ledige, kontaktscheue, sexuell abstinente oder sexualperverse, aggressive Waffennarren, die z. T. noch bei der Mutter leben. Hierher gehören die suizidalen »Pseudokommandos« von Dietz (1986), die Amokläufer von Arboleda-Florez (1985) oder die »extrafamilial murder-suicide« von Marzuk et al. (1992) hin. Prinzipiell scheint nicht unwichtig, daß die Trennlinie nicht zwischen Familienbeteiligung oder Fremdtötungen verläuft, sondern zwischen reinen Familientätern und allen anderen. Dietz (1986), der diese Unterscheidung nicht trifft, findet bei seiner Gesamtgruppe Family-Annihiliator möglicherweise deshalb psychopathische und süchtige Züge gehäuft. Diskriminanzanalytisch kann die kleine Gruppe der durch Polizisten getötete Amokläufer nicht zu Trennung von Getöteten zu Überlebenden beitragen: Sie könnten als eine zweite Gruppe von »Pseudokommandos« i. S. von Dietz verstanden werden.

Das Überleben der Amokläufer ist typischerweise mit spontanen, kurzen Angriffen auf zufällige fremde Opfer mit ebenfalls zufällig greifbaren, atypischen Waffen und erheblichem Sachschaden verbunden. Es geht vor allem um psychotische, intoxikierte oder sonst direkt syndromal zuzuordnende Täter, die aber ausdrücklich nicht depressiv sind und deren auslösendes Motiv Bagatellen sind. Hier stellen z. T. länger anhaltende, schwerwiegende psychiatrische Erkrankungen offenbar einen wesentlichen Aspekt dar. Gewalttaten Geisteskranker (Böker und Häfner, (1973)) weisen dazu einige Parallelen auf.

Auch innerhalb dieser großen Gruppe sinkt die Gefährlichkeit parallel mit abnehmender Gewaltanwendung ab, die von Dritter Seite zur Beendigung der Tat notwendig ist. Nach Suizidversuchern sind Selbststeller besonders jung und ungefährlich.

Bedeutsamer erscheint, daß die Aggressivität des Täters gegen sich bzw. daß das Ausmaß der gegen ihn zur Beendigung der Tat notwendige Gewalt eng mit der von ihm selbst gegen andere ausgeübten, zielgerichteten Aggression gekoppelt ist. Dieser aggressiv-suizidale Impuls folgt bei aller scheinbaren Zufälligkeit engen inneren Bezügen, die mit psychoanalytischen Grundkonzeptionen vereinbar sein dürften. Versucht man eine psychodynamische Interpretation, so scheint es möglich ohne scharfe Grenzen von einem Spektrum auszugehen, an dessen einem Ende passiv-aggressive, paranoide, psychotische oder intoxikierte Täter stehen, die ihren projizierten Haß in der unpersönlichen Welt zumeist ungezielt bekämpfen und den eigenen Tod und den anderer eher in Kauf nehmen als ihn gezielt anstreben. Am anderen Ende könnten depressive Täter stehen, die gezielt sich und der in das »Selbst« aufgenommenen Familie das »Elend dieser Welt« ersparen möchten. Für die dazwischen stehenden, zumeist psychopathisch-paranoiden Täter, könnten beide psychodynamischen Mechanismen gleichzeitig wirksam sein; ihre besondere Gefährlichkeit entstünde aus dem Zerfall aller Objektbeziehungen und des Selbst mit Freisetzung entsprechender narzißtischer Wut unter Triebentmischung.

Die psychoanalytische Triebtheorie (Freud (1940), Resnik (1991) Pedder (1992)) und begrenzt auch die Frustrations-Aggressions-Theorie mit ihrer impliziten Katharisis-Hypothese (Kornradt (1982)) gehen von einer grundsätzlichen Ziel- und Motivationsambivalenz aller auto- und fremdaggressivern Handlungen aus. Sie wurde von Psychoanalytikern (z. B. Menninger (1938)) als Trias »der Wunsch zu töten, der Wunsch getötet zu werden, der Wunsch zu sterben« plakativ beschrieben. Erstaunlicherweise wurde diese homicidal-suicidale Trias u. W. nie für bestimmte Störungen oder psychodynamische Situationen beschrieben, sondern als ein allen suizidalen und mörderischen Handlungen auf der

Phantasieebene gemeinsames Phänomen dargestellt. Tatsächlich hat sich bei der Untersuchung zum Amok als der auf Handlungsebene realisierten Form dieser Phantasie gezeigt, daß psychische Störungen zwar überrepäsentiert, aber nosologisch unspezifisch sind, allerdings die Art der Gestörtheit pathopastisch wirksam ist: Nicht das Amok gelaufen wird, ist von speziellen Erkrankungen abhängig, sondern eher wie er gelaufen wird.

Ähnliche geringe diagnostische Spezifität dürfte auch bei den nichtmatriell bedingten Tötungshandlungen, bei Suizid und besonders bei dem erweiterten Selbstmord bestehen, was nicht hindert, daß im Detail unterschiedliche Diagnosen vorherrschen. Letztlich sind auch bei Mördern und Delinquenten allgemein Psychosen deutlich überrepäsentiert (Malmquist (1995)) und psychopathische Persönlichkeiten vorherrschend (Übersicht bei Göppinger (1973), Mednik et al. (1988)), sind die Diagnosen narzißtische Persönlichkeitsstörung (Stone (1996)), Depressionen und Schizophrenie mit Suizideraten um 10–20% belastet und finden sich beim erweiterten Suizide ein ähnliches Diagnosespektrum, wobei depressive Störungen aller Art dominieren sollen. Wenn Amok gewissermaßen die Extremtat in einem Spektrum ist, bei dem sich im Groben ähnliche Diagnosen und Belastungen finden, stellt sich die Frage, ob nicht ein weiterer zusätzlicher Faktor entscheidend ist, der bewirkt, daß aus der ubiquitären Phantasie Realität wird – schlimmstenfalls ein Amok.

6.2 Amok und Serotoninmangel: Eine Hypothese

Pathophysiologische Befunde bieten einen Ansatz für die weiterführende somatische Hypothese. Verminderte Aktivität des Neurotransmitter Serotonin könnte eine einheitliche Ursache für homicidale und suizidale Impulssteuerungsstörungen darstellen (z. B. Coccarro (1992)). Über unterschiedliche methodische Zugänge hat sich in den letzten 30 Jahren die Hypothese stützen lassen, daß sie eng mit einem Serotoninmangel verbunden sind, der von der aufgewendeten selbst- und fremdschädigenden Gewalt abhängt, diagnoseunabhängig ist und einen »trait« darstellt (van Praag et al. (1988)). Gestörte affektive Impulskontrolle wird als gemeinsame Ursache der suizidalen und aggressiven Handlungen (und auch anderer Affektsteuerungsstörungen wie bei Angst-, und Zwangserkrankungen) verstanden (van Praag et al. (1990), sie sei das psychopathologische Korrelat des Serotoninmangels. Das entspricht der aktuellen Auffassung über die Funktion des serotonergen Systems, nämlich, das es eine Kontrolle über die Aktivität verschiedener parallel und seriell geschalteter neuronaler Netzwerke – als eine Art übergeordneter Puffer – ausübt. Impulsivität müßte allerdings genauer definiert werden, um dem Ablauf des präsuidalen Syndroms, der explosiv-disorder oder auch des Amoks gerecht zu werden – um einen einfachen Impuls im Sinne der Primitivreaktion geht es wegen der häufigen Latenz zwischen Stressor und Reaktion eben nicht; zumindest ist eine vorbestehende, gelegentlich auch längerfristige, unzureichende Steuerung/ Flexibilität von Kognition und Affekt vorbereitend mitbeteiligt.

Bereits Ende der 60iger Jahren wurde an Autopsiematerial von Suizidenten beschrieben, daß vornehmlich im Hirnstamm und im Frontalhirn 5-Hydroxyindolessigsäure (=5-HIES) – der Haupmetabolit von Serotonin – und Serotonin selbst erniedrigt wären. Diese Befunde wurden zunächst mit unterschiedlichen Lokalisationen in Grenzen bestätigt, ehe dann zunehmend negative Studien vorgelegt wurden, bei denen u. a. der Todeszeitpunkt stärker beachtet wurde (z. B. Ohmori et al. (1992), Übersicht: Asberg et al. (1987)). Rezeptoren sollen von autolytischen Prozessen weniger betroffen sein und wurden deshalb und wegen der Frage der Spezifität zunehmend untersucht. Die an sich umfangreiche Datenbasis leidet unter der zunehmenden Differenzierung verschiedener Serotoninrezeptor-Subtypen und den immer spezifischeren Markern; die Ergebnisse erscheinen derzeit eher widersprüchlich (Übersichten: Bräunig (1987), Volavka (1995)).

Bedeutsamste Stütze der Serotoninmangel-Hypothese ist die Erniedrigung von 5-HIES im Liquor von aggressiven und suizidalen Patienten (Lidberg et al. (1985). Asberg et al. beschrieben erstmals 1976 diagnoseunabhängig erniedrigte Spiegel bei Suizidenten. Diese Befunde wurden inzwischen u. a. an Schizophrenen

(z. B. Roy 1993)) und Persönlichkeitsgestörten (z. B. Träskmann et al. (1981)) repliziert. Angesichts der heute im Vordergrund stehenden Serotoninmangelhypothese der Depression ist bezüglich nosologischer Unspezifität bedeutsam, daß sogar bei ihnen gilt, daß Suizidenten niedrigere 5-HIES-Spiegel haben als Nichtsuizidenten; dieser Befund ließ sich bis 1996 in 11 von 16 Studien bestätigen (Übersicht: Mann et al. (1996)).

Für eine *quantitative* Beziehung zwischen Suizidintention und 5-HIES Erniedrigung sprechen Befunde, die bei harten und geplanten Suiziden stärkere Erniedigung fanden, als bei bei weniger entschiedenen parasuizidalen Handlungen (Asberg et al. (1976), Träskmann et al. (1981), Banki und Arato (1983), Edmann et al. (1986), Mann et al. (1996)).

1979 legten Brown et al. Studien bei 26 Männern mit dem Ergebnis vor, daß 5-HIES-Spiegel im Liquor mit einer anamnestischen Belastung an impulsiv-aggressiven Handlungen negativ korreliert. Dieser Befund wurde inzwischen bei verschiedenen aggressiv-impulsiven Persönlichkeitsstörungen, Psychosen und Delinquenten zum Teil unter Entwicklung einfacher durchzuführender peripherer und indirekter Nachweismethoden bestätigt (z. B. Brown et. al. (1982), van Praag (1986), Castrogiovanni et al. (1994), Coccaro et al. (1996), Virkkunen et al. (1996), Coccaro et al. (1997)). Interessant bezüglich der bei Amokläufern häufigen Rigidität ist ein neuerer Befund, der dies auch für zwanghafte Persönlichkeiten mit impulsiven Durchbrüchen belegte (Stein et al. (1996)).

Für eine *quantitative* Beziehung zwischen Serotoninmangel und Ausprägung der impulsiv-aggressiven Steuerungsschwäche sprechen Befunde, die enge Korrelationen von psychopathometrischen und anamnestischen Aggressionsscores mit Erniedrigung von 5-HIES im Liquor oder sonst indirekt nachgewiesenen Serotoninmangel bei Normalen und Gewalttätern zeigten (Brown et al. (1979), Roy et al. (1988), Kruesi et al. (1992), Coccaro et al. (1996), Möller et al. (1996), Coccaro und Kavoussi (1997)). Direkte Vergleiche von verschiedenen aggressiv-impulsiven Delinquenten sind relativ selten. Impulsive Gewalttäter haben niedrigere 5-HIES-Spiegel im Liquor als gewöhnliche Gewalttäter

(Linnoila et al. (1983)), potentiell tödlich gefährliche, nicht materiell motivierte Brandstifter haben niedrigere als gewöhnliche Gewalttäter und beide niedrigere als Kontrollen (Virkkunen et al. (1987)). »Explosiv-disorder«-Straftäter haben gegen antisozialen Persönlichkeiten diskret, gegen alkoholkranke, nichtimpulsive Straftäter signifikant erniedrigte 5-HIES Liquorspiegel (Virkkunen et al. (1994, 1995)); in einem follow-up wurden dieser Zusammenhang darüber hinaus prognostisch bestätigt (Virkkunen et al. (1996)).

Noch bedeutsamer könnten vereinzelte Befunde sein, die dafür sprechen, daß *quantitative* Aspekte eines Serotoninmangelsyndroms auch eine Rolle bei suizidalem und gleichzeitig homicidalem Verhalten spielen könnten. Lidberg et al. beschrieben 1984 niedrige Spiegel bei erweiterten Suiziden und 1985, daß Mörder von Intimpartnern – gewöhnlich mit hoher Suizidbelastung verbunden – niedrigere Spiegel hatten als Suizidversucher und diese wiederum niedrigere als Kontrollen und gewöhnliche Mörder. Die Arbeitsgruppe um Linniola (Linniola et al. (1992)) referierte zusammenfassend Ergebnisse, daß Mörder mit suizidalen Tendenzen niedrigere Serotoninspiegel haben als Mörder ohne suizidale Tendenzen und impulsive niedrigere als nichtimpulsive.

Obwohl diese Befunde als mit die sichersten der biologischen Psychiatrie bezeichnet werden, dürfte Zurückhaltung angebracht sein. Es bestehen z. B. noch heute Unsicherheiten bezüglich konfundierender Variablen wie Altersabhängigkeit, Jahreszeit, Körpergröße und Alkohol-, Tabletten- sowie Drogenabusus. Für klinische Belange ist darauf hinzuweisen, daß es um Mittelvergleiche und mit Abweichungen bis maximal 40% geht. Wegen der erheblichen Streuung ist damit praktisch wenig anzufangen: Allenfalls bei Extremgruppen wie den Amokläufern könnten gröbere Abweichungen erwartet werden – wenn denn die quantitativen Aspekte wirklich relevant sind. Entsprechende Untersuchungen sind mit der oben erwähnten Ausnahme nicht durchgeführt worden.

Die Zukunft wird methodisch vielleicht PET-Studien oder anderen bildgebenden Verfahren in Verbindung mit hochselektiven

Markern gehören, erste Ergebnisse sind noch wenig aussagekräftig (Volkow (1987)). Eichelman (1992) fordert dazu auf, wirklich schwere Gewalttaten zu untersuchen, bei denen die Frage grundlegender Störungen am ehesten beantwortet werden könnte – Amokläufer wären vermutlich die Idealgruppe.

Zurückhaltung scheint angebracht, wenn es um das Gehirn mit seinen vielfältigen psychosozialen Bezügen geht. Leicht geht der Eifer, die eine Ursache für irgendetwas zu finden in die Irre – das ist bei biologischen Ansätzen nicht anders. Es darf an die Diskussion über die xyy-Supermale-Gewalttäter erinnert werden, die sich am Falle des xyy-Massenmörders Speck entzündete, der 1966 in einer Nacht 8 Mädchen sadistisch umbrachte. Die Annahme genetisch gesteigerter Aggressivität führte in den USA zur Exkulpation der xyy-Täter und zur Einrichtung von Beratungsstellen für Betroffene (Selg et al. (1988)). Auch bei ihnen wurden erniedrigte HIES-Spiegel mit Hinweis auf ihre erhöhte Aggressivtät gemessen (Bioulac et al. (1980)). Inzwischen ist klar, das die xyy-Anomalie nicht mit Gewaltverbrechen korreliert, sondern mit Eigentumsdelinquenz und daß dafür die Kovariate Intelligenzmangel entscheidend ist (Cairns (1979)). Übrigens: Speck litt nicht an einen xyy-Syndrom (Selg et al. (1988)) – eine Fehldiagnose mit weitreichenden Folgen.

Stimmte die Serotoninmangelhypothese, wäre Menningers Trias inhaltlich als phantasierte Tat Ausdruck der Psychopathologie bzw. Psychodynamik, ihre vollständige Realisierung aber von einem quantitativen biologischen Parameter – Serotoninmangel – abhängig, der als trait frühzeitig gemessen werden und behandelt werden können sollte: Diese Hypothese ließe sich falsifizieren.

7 Früherkennung und Behandlung

Androhungen homicidal-suicidaler Kontrollverluste dürften fast jedem Polizisten, Psychiater und Mitarbeiter sozialpsychiatrischer Diensten aus dem Alltag vertraut sein, die vollendeten Taten sind jedoch extrem selten. Eine sichere Voraussage, die diese Kluft überbrückt, ist nicht möglich. Risikogruppen sind letztlich alle psychisch Kranken, die in schwerwiegende Krisen geraten sind und aus suizidpräventiven Gründen bereits besonderer Fürsorge bedürfen.

Das Problem ist, daß die Täter nicht in psychiatrische Behandlung gehen. Charles Whitmann war einer der wenigen Ausnahmen, die einen Nervenarzt aufsuchten – wegen Kopfscherzen. Wenn man will, wird die distanzierte Haltung Vieler zur Psychiatrie hier zum Verhängnis. Wenn gegen den Willen der potentiellen Täter gehandelt wird, setzen sich die Helfer – Polizei, Psychiater – dem Vorwurf inadäquat custodialer Handlungen aus – reagieren sie nicht, geschieht im Extremfall eine fürchterliche Tat. Bei vielen Amokläufern besteht eine lange Latenz, die an sich zur Motivation zur »freiwilligen« Behandlungen genutzt werden könnte.

Am 10. 3. 1994 tötete der 39jährige E. M. 5 Menschen mit der Pistole, ehe er sich mit einer selbstgebauten Bombe in die Luft sprengte und 8 weitere Menschen zum Teil schwer verletzte. Primärpersönlich war er als Waffenfanatiker mit Waffengebrauch außerhalb üblicher sozialer Situationen bei impulsiv-aggressiven Tendenzen besonders auffällig. Altersinadäquates Leben bei der dominanten und emotional zurückhaltenden Mutter, Kontakt- und Beziehungsstörungen inklusive Gummifetischismus und soziale Unstetigkeit machen ihn zu einen typischen Täter, der in seine Tötungshandlung nahestehende Menschen und Unbeteiligte einbezieht und sich selber tötet.

Der Polizei war durch Mitteilungen eines Bruders seit etwa über einem Jahr bekannt, daß er nach einer Körperverletzung der Lebensgefährtin mit Anzeige, dem dabei erfolgten Bekanntwerden seiner Perversion und der Trennung eine gefährliche Tat plante. Gesundheitsamtsärztlich wurde ihm die Erlaubnis zur Personenbeförderung wegen impulsiv-aggressiver Handlungen entzogen, den Waffenschein durfte er behalten. Einem Psychiater wurde er nie vorgestellt. Die Tat geschah nach einer Verurteilung zu Schadensersatz zugunsten der ehemaligen Lebensgefährtin; zur Verhandlung war er nach Art eines fetischistischen »coming out« mit Gummibekleidung erschienen.

Dieser typische »Pseudocommando-«Täter wäre möglicherweise psychotherapeutisch behandelbar gewesen, wenn nicht Sanktionen, sondern Behandlungsauflagen angeordnet worden wären. Therapeutische Erfahrungen an Patienten, die befürchten »Amok zu laufen« (Lion et al. 1969, Kuehn und Burton, 1969) lassen erwarten, daß die Behandlungsprognose gut gewesen wäre. Medikamentöse Maßnahmen werden mit mäßigem Erfolg bei aggressiv-impulsiven Patienten geprüft; aussichtsreichste Kandidaten sind Carbamazepin, Serotoninreuptakehemmer und Neuroleptika (Eichelman (1992), Barratt et al. (1997), Übersicht bei Corrigan et al. (1993)), weitere Substanzen sind in Erprobung (Miczek et al. (1994)). Allerdings kann nicht übersehen werden, daß die z. B. ungefährlicheren parasuizidalen Amokläufer andere Charakteristika hatten, als die Amoksuizidenten, so daß Erfahrungen über Patienten mit »Amok«-Phantasien oder allgemein gesteigerter Aggressivität wenig Zwingendes über Amokläufer besagen. Über eine konkret durchgeführte Therapie bei Amokläufern ist nichts bekannt.

Auch bei depressiven Störungen bestehen lange Latenzen. Bei ihnen erfordert die Grunderkrankung intensive Pharmakotherapie, ohne hin erhöhte Aufmerksamkeit und am ehesten stationäre Behandlung. Komorbidität mit Persönlichkeitsstörungen entsprechend des oben kasuistisch geschilderten Types, Waffenbesitz und schwerwiegende auslösende Belastungen sollten generell zur weiter erhöhten Vorsicht mahnen (Malmquist (1995)). Die Behandlungsprognose ist sehr gut, vor allem wenn durch Li Rezidivprophylaxe gelingt.

Interventionen scheinen bei den spontaner handelnden Tätern besonders schwierig, zu denen auch ein Teil der Schizophrenen gehören. Wenig ist bekannt, daß diese von anderen Schizophrenen unterscheiden könnte, außer das, was für alle Amokläufer gilt: Mittleres Lebensalter, Männer, Waffenaffinität etc. Böker und Häfner (1973) fanden bei ihren schizophrenen Gewalttätern eher produktiv-kämpferische Syndrome – ein Befund, den wir in Grenzen auch bei Amokläufern bestätigen können.

Noch weniger läßt sich zu Intoxikationshandlungen (und Affekthandlungen) jüngerer Täter sagen. Bach-y-Rita (1971) fanden bei 130 Fällen mit aggressiven Kontrollverlusten immerhin 25 Patienten mit pathologischen Räuschen. Die allgemeine Beziehung zwischen Alkoholintoxikationen und Gewalttaten und die Schwierigkeit, diese Patienten zur Behandlung zu motivieren, bedürfen keiner Erörterung; als Trost bleibt nur, daß Amokläufer relativ selten unter Alokoholeinfluß handeln.

Versucht man eine grobe orientierende Regel zu formulieren, so läßt sich noch am ehesten Folgendes sagen: Impulsive homicidalsuicidale Handlungen scheinen typischerweise dann zu erfolgen, wenn sich psychisch Kranke in isolierter, subjektiv ausweglosen Situation befinden und zusätzliche, auch objektiv schwerwiegende Belastungen hinzukommen. Die Dynamik ähnelt der von Suizid- oder Suizidversuchshandlungen. Die homicidale Komponente bei Depressiven entsteht aus der bekannten, krankheitsbedingten Mitnahmeproblematik, die der narzißtischen, wahnkranken und produktiv-psychotischen Täter gilt dem anonymen Anderen, der unfaßbarer Angreifer ist. Wichtig in Verdachtsfällen scheint in Analogie zur Suizidbehandlung zu sein, derartige Gedanken anzusprechen. Die Behandlung orientiert sich an der Grunderkrankung. Vor allem bei psychotischen Tätern dürften ggf. Maßnahmen nach den Ländergesetzen ein günstiges »Nutzen-Risiko-Verhältnis« haben. Bei psychogenen Störungen könnten Überlegungen analog denen bei chronischer Suizidalität mit aktueller krisenhafter Zuspitzung relevant sein. Verläßliche Daten liegen auch dazu nicht vor; weitere, multizentrische Forschung ist nötig.

8 Literaturverzeichnis

Adler L, Lehmann K, Räder K, Schünemann KF (1993) Amokläufer. Fortschr Neurol Psychiat 61:424-433.

Adler L, Lehmann K, Räder K, Schünemann KF, Hajak G (1994) Gibt es Prädiktoren für impulsive homicidal-suicidale Gewalttaten? Gesundh Wes 56:548-552

Adler L (1998) Verkürzte Maßregeldauer und deliktisches Risiko bei nach § 63 StGB untergebrachten Patienten. Vortrag 13. Fachtagung f. for. Psychiatrie, Eikelborn

Albert JD, Walsh ML, Jonik RH (1993) Aggression in Humans: what is its biological foundation? Neurosci Biobehav Rev 17:405-425

Allen NH (1983) Homicide followed by suicide: Los Angeles 1970–1979. Suicide and Life-threatening Behavior 13:155-165.

Appleby L, Shaw J, Amos T (1997) National confidential inquiry into suicide and homicide by people with mental illness. Brit J Psychiat. 170:101-102

Arboleda-Florez J: Amok. In: The Culture Bound Syndromes; hrsg. v. Simon R C und Hughes C C, D. Reidel Publishing Company, Dordrecht/Holland 1985:251-262

Asberg M, Träskmen L, Thoren P (1976) 5-HIAA in the cerebrospinal fluid: a biochemical suicide predictor? Arch Gen Psychiat 38:1193-1197

Asberg M, Schalling D, Träskman-Bendz L, Wägner A: Psychobiologie of suicide, impulsivity and related phenomena. In: Psychopharmacology. The Third Generation of Progress. Ed: Melzer HY. Raven New York 1987:655-688

Bach-Y-Rita G, Lion J R, Climent C E, Ervin F R (1971) Episodic dyscontrol - A study of 130 violent patients. Am J Psychiat 127:49-54

Baechler J: Les Suicides; Verlag Calman-Levy, Paris 1975, übersetzt von C.Seeger: Tod durch eigene Hand. Ullstein Verlag Frankfurt 1981

Banki CM, Arato M (1983) Amine metabolites and neuroendocrine response related to depression and suicide. J Affect Disord 5:223-232

Barbosa: A description of the costs of East Africa and Malabar in the beginning of the 16th century. Hakluyt Society. London 1866

Barratt ES, Stanfort MS (1997) The effekt of phenytoin on impulsiv and premeditated aggression: A contolled study. J Clin Psychopharmacol, 17:341-350

Batt JC (1948) Homicidal incidence in the depressive psychoses. J Ment Sci 94:782-792.

Benezech M, Bourgeois M (1992) L' Homicide est fortement correle a la depression et pas a la manie. Encephale 18:89-90.

Berman AL (1996) Dyadic death: A typology. Suicide Life Threatening Behav 26(4):342-350

Bioulac B, Benezech M, Renaud B (1980) Serotonergic dysfunktionin 47 xyy syndrome. Neuropsychobiology 15:917-923

Blackman N, Weiss JMA, Lamberti JW (1963) The sudden murderer. Arch Gen Psychiat 8:289-294

Böker W, Häfner H: Gewalttaten Geistesgestörter. Eine psychiatrisch-epidemiologische Untersuchung in der Bundesrepublik Deutschland; Springer Verlag Berlin Heidelberg New York 1973

Bräuning P (1987) Biologische Aspekter suicidalen Verhaltens. Zentralbl Neurol 715-729

Brown Gl, Ballanger JC, Michinello MD, Goodwin FK: Human agression and its relationship to cerebrospinal fluid 5-hydroxyindoleacetic acid, 3-methoxy-4-hydroxyphenylglycol and homovanillic acid. In: Psychopharmacolgy of aggression, ed: Sandler M. Raven Press, New York 1979:131-145

Brown GL Ebert MH, Goyer PF, Jimerson DC, Klein WJ, Bunney WE, Goodwin FK (1982) Aggression, suicide, and serotonin. Relationship to CSF amine metabolites. Am J Psychait 139:741-746

Brero van PCJ (1897) Einiges über die Geisteskrankheiten der Bevölkerung des malaiischen Archipels. Allg Z Psychiatr 53:25-78

Bruch H (1967) Mass murder: The Wagner Case. Am J Psychiat 124:693-698

Burton-Bradley BG (1968) The Amok Syndrome in Papua New Guinea. Med J Aust 1:252-256

Buteau J, Lesage AD, Kiely M (1993) Homicide followed by suicide: A Quebeck case series, 1988-1990. Can J Psychiat 38:552-556

Cairns RB: Social development. San Francisco 1979

Carr JE (1985) Ethno-behaviorism and culture-bound-syndromes: The case of amok. Cult Med Psychiat 2:269-293

Carr JE, Tan EK (1976) In Search of the true Amok: Amok as viewed within the malay culture. Am J Psychiat 133:1295-1299

Castrogiovanni P, Capone MR, Maremmani I, Marazziti D (1994) Platelet serotonic markers and aggressiv behaviour in healthy subjekts. Neuropsychobiology 29:105-107

Clifford Sir H, Swettham Sir FA: A dictionary of Malay language. Goverment printing office. Taipeng Perak. 1894

Clifford H: The Amok of Dato Kaya Biji Derja. In: Court and Kampong. Hrsg. Liegh R, London 1897

Coccaro EF (1992) Impulsiv aggression and central serotonergic system funktion in humans: an example of a dimensional brain – behavior relationship. Int Clin Psychpharmacol 7:3-12

Coccaro EF, Bergeman CS, McClean GE (1993) Heretability of irritable impulsivness. Psychiat Res 48:229-242

Coccaro EF, Bergeman CS, Kavoussi RJ, Seroczynski AD (1993) Heretability of aggression and irritability: a twin study of the Buss-Durkee Aggression scales in adult male subjects. Biol Psychiat 41:273-284

Coccaro EF, Kavoussi RJ, Sheline YI, Lish JD, Csernansky JG (1996) Impulsiv aggresion in personality disorder carrelates with tritiated Paroxetin binding in the platelet. Arch Gen Psychiat 53:531-536

Coccaro EF, Kavoussi RJ (1997) Impulsiv aggresssion in personality disorders correlates with platelets $5-HT_2$ receptor binding. Neuropsychopharmacology 16:211-216

Cohen MB, Baker G, Cohen R A, Fromm-Reichmann F, Weigert E V (1954) An intensive study of twelfe cases of manic-depressive psychosis. Psychiat 17:103-137

Cohen D, Llorente M, Eisdorfer C (1998) Homicide-suicide in older persons. Am J Psychiat 155:390-396

Coid J (1983) The epidemiology of abnormal homicide and murder followed by suicide. Psychol Med 13:855-860.

Connor JW (1970) A social approach to an understanding of schizophrenic-like reaktions. Int J Soc Psychiatry 16:136-152

Cooper JM (1934) Mental disease situations in certain cultures - a new field for research. J Abnorm soc Psychol 29:10-17

Cooper M, Eavens D (1996) Suicide following homicide in the family. Violence Victims, 11:99-112

Copeland, A.(1985) Dyadic death - revisited. Forensic Sience Society 181-189.

Corrigan PW, Yudofsky SC, Silver J (1993) Pharmacological and behavioral treatments for aggressive psychiatric inpatients. Hosp Community Psychiat 44:125-133

Dennys NB: A descriptive dictionary of British Malaya. Hrsg: London and China Telegraph Office, London 1894

Denissow AI, Ignatjew DI, Palganow NG: Länder der Erde. Verlag der Wirtschaft. Berlin 1959

Diagnostische Kriterien und Differentialdiagnosen des Diagnostischen und Statistisches Manual Psychischer Störungen. DSM III. Beltz, Weinheim, Basel 1986

Diagnostisches und Statistisches Manual Psychischer Störungen. DSM IV. Bearbeitung und Einleitung: Saß H, Wittchen HU, Zaudig M, Hogrefe, Göttingen 1996

Dietz P E (1986) Mass serial and sensational homicides. Bull NY Acad Med 62:477-491

Drake ME, Hietter SA, Pakalnis A (1992) EEG an Evoked Potentials in Episodic Dyskontrol Syndrom. Neuropsychobiologie 26:125-128.

Easteal P (1994) Homicide-suicide between adult sexual intimates: An Australian study. Suicide Life-Threatening Behav 24:140-151

Edman G, Asberg M, Levander S, Schalling D (1986) Skin conductance habituation and cerebrospinal fluid 5-HIAA in suicidal patients. Arch Gen Psychiat 43:586-592

Eichelman E (1992) Aggressive behavior: from labatoray to clinic. Arch Gen Psychiat 49:488-92

Ellenberger H: Der Selbstmord im Lichte der Ethnopsychiatrie. In: Selbstvernichtung. Hrsg. Zwingmann C; Akademische Verlagsgesellschaft Frankfurt am Main 1965:201-213

Ellis WG (1893) The Amok of the Malays. J Ment Sci 39:325-338

Ellis WG (1901) Some remarks on asylum practice in Singapore. J trop Med Hyg 4:411-414

Eisenberg, U: Kriminologie. Heymann, Köln 1990

Fabing HD (1956) On going Berserk. Am J Psychiat 113:409-415

Felthous AR, Hempel A (1995) Combined homicide-suicides: A review. J Forens Sci 40:846-857

Fishbain D A, Goldberg M, Meagher B R, Steele R, Rosomoff H (1986) Male and female chronic pain Patients categorized by DSM III psychiatric diagnostic criteria. Pain 26:181-197

Fishbain DA (1986) Suicide pacts and homicide. Am J Psychiat 143:1319-1320.

Fitzgerald R D (1923) A thesis on two tropical neuroses (Amok and Latah) peculiar to malaya. Transaction of the 5th biennial congress (Singapore). Far East Assoc Trop Med 5:148-161

Flügge I (1985) Nach dem Terroranschlag auf eine Schulklasse. Prax Kinderpsychol Kinderpsychiat 34:2-8

Förster K, Venzlaff U: Die »tiefgreifenden« Bewußtseinstörungen. In: Psychiatrische Begutachtung. Hrsg: Förster K, Venzlaff U. Gusty Fischer. Stuttgart, Jena New York. 1994: 245-256

Freud S: Jenseits des Lustprinzips. Gesammelte Werke Bd. 13. London: Imago Publishing. 1940

Gallemore JL, Panton JA (1976) Motiveless public assassins. Bull Am Acad Psychiatry Law 4:51-57

Galloway DJ (1923) On Amok. Transaction of the 5th Biennial Congress (Singapore). Far East Assoc Trop Med, 162-171

Gaupp R (1938) Krankheit und Tod des paranoischen Massenmörders Hauptlehrer Wagner. Z Gesamte Neurol Psychiat 163:48-82

Gimlette JD (1901) Notes on a Case of Amok. J trop Med Hyg 4:195-199

Goettle G (1988) Amok. Die Zeit, 29 (Hamburg) 21.10.1988, 33-34

Goldman D, Lappalainen J,Ozaki N: Direct analysis of candidates genes in impulsiv behaviours. In: Genetics of criminal and antisozial behavior. Wisley and Son. Chicester, New York. 1996:139-154.

Goldstein M (1974) Brain Reserach and violent behavior. Arch Neurol 30:1-34

Göppinger H: Kriminologie. Beck. München. 1973

Gottlieb P, Kramp P, Gabrielsen G (1987). The practise of forensic psychiatry in case of homicide in Copenhagen, 1959 to 1983. Acta Psychiatr Scand 76:514-522.

Groß K (1936) Über paranoische Mörder. In: Jahrbücher der Psychiatrie und Neurologie. Hrsg.: Hartmann F et al. Julius Springer. Wien. 53: 85-102.

Gudjonsson GM, Petursson M (1990) Homicide in Nordic countries. Acta Psychiatr Scand 82:49-54.

Häfner H, Böker W: Sind Geistesgestörte häufiger gewalttätig? In: Häfner H (Ed) Psychiatrie, ein Lesebuch für Fortgeschrittene. Stuttgart: Fischer. 1991

Hakluyt Society: The travels of Nicolo Conti in the East in the early part of the fifteenth century. In: India in the fifteenth Century. London. 1857

Hakluyt Society: The voyage of Sir Henry Middelton to the Moluccas 1604-1606. London. 1943

Hatta M (1996) A Malay crossculturel wordview and forensic review of amok. Austral New Zeal J Psychiat. 30:505-510

Hentig von H: Zur Kriminologie der Einzeldelikte. In: Bd 2, Der Mord. Hrsg. v. Hentig H, Mohr JCB. P Siebeck Verlag, Tübingen 1956

Hirose S (1979) Depression and homicide. Acta Scand Psychiat 59:211-217

Homicide-Suicide-Projekt: http://www.state.ky.us/agencies/gov/homsuic.htm 1998

Hughes C C: Sudden Mass Assault Taxon in: The culture bound syndromes. Hrsg: Simons RC, Hughes CC; D. Reidel Publishing Company 1985:263-264

Hussein J (1968) The study of traditional malay literature. Asian Stud 6:66-89

Janson J, Strauss LT, Tyler CW (1983) A comparison of primary and secondary homicides in the United States. Am J Epidemiol 117:309-319

Jenkins S C , Maruta T (1987) Therapeutic use of propanolol for intermittent explosive disorder. Mayo Clin Proc 62:204-214

Kalichman, SC (1988) Empirically derived MMPI profile subgroups of incarcerated homicide offenders. J Clin Psychol 44: 733-738

Kernberg OF: Schwere Persönlichkeitsstörungen. 3. Aufl. Klett-Cotta. Stuttgart 1991

Kessler RC: Soziologie und Psychiatrie. In: Freedman AM et al. (Eds) Psychiatrie in Praxis und Klinik, Vol. 7. New York. Thieme 1991:208-222

Kline N S (1963) Psychiatry in Indonesia. Am J Psychiat 119:809-815

Kloss B (1923) Arctic Amok. J Malayan Branch Royal Asiatic Society 1:254-263

Kiehne K (1966) Das Flammenwerferattentat in Köln-Volhoven. Arch Krim 136: 66-75

Kon Y (1994) Amok. Brit J Psychiat 165:685-689

Kosyra H (1965) Beeinträchtigugswahn als Brandstiftungs- und Mordmotiv. Arch Krim. 135:163-166

Kornradt HJ: Grundzüge der Motivationtheorie der Aggression. In: Aggression. Hilke R, Kempf W (Eds) Stuttgart: Huber. 1982

Kraepelin E (1904) Vergleichende Psychiatrie. Zentralbl gesamte Neurol Psychiat 27Jg Bd 15:433-437

Kruesi MJ, Hibbs ED, Zahn TP, Keysor CS, Hamburger SD, Bartko JJ, Papoport JL (1992) A 2-years prospective follow-up study of children and adolescents with disruptive behavior disorders. Arch Gen Psychiat 49:429-435

Kuehn J, Burton J (1969) Management of the college student with homicidal impulses - The Whitman Syndrome. Am J Psychiat 125:148-153

Langness LL (1965) Hysterical psychosis in the New Guinea Highlands. A Bena Bena example. Psychiatry 28, 258-277

Langness LL (1967) Hysterical psychosis – the cross-cultural evidence. Am J Psychiatry 124:143-152

Lanzkron J (1963) Murder and insanity: A survey. Am J of Psychiatry 119:754-758

Lee RLM (1981) Structure and anti-structure in the culture-bound-syndromes: the Malay case. Cult Med Psychiat 5:233-248

Lehmannn HE: Unusual psychiatric disorders and atypical psychoses. In: Comprehensive textbook of psychiatry; hrsg: Freedmann AM, Kaplan HJ. Williams and Wilkins Company, Baltimore 1967:1150-1161

Leygraf N: Die Begutachtung der Prognose im Maßregelvollzug. In: Venlaff U, Förster K. Psychitrische Begutachtung. Fischer, Stuttgast Jena NewYork. 1994:469-481

Lidberg L, Asberg M, Sundquist-Stensman UB (1984) 5-HIAA levels in attempted suicides who have killed their children. Lancet (letter) 928

Lidberg L, Tuck JR, Asberg M, Scalia-Tomba PG, Bertilson L (1985) Homicide, suicide and CSF 5-HIAA. Acta psychiat scand 71:230-236

Linnoila VM, Virkkunen M, Scheinin M, Nuutila A, Rimon R, Goodwin FK (1983) Low cerebrospinal fluid 5-HIAA concentration differentiates impulsiv from nonimpulsiv violent behavior. Life Sci 33:2609-2614

Linnoila VM, Virkkunen (1992) Aggression, suicidality and serotonin. J clin Psychiatry53:46-51

Lion JR, Bach-Y-Rita G, Ervin FR (1969) Violent patients in emergency room. Am J Psychiatry 125:120-125

Lion JR, Bach-Y-Rita G (1970) Group psychotherapy with violent outpatients. Int J Group Psychother 20:185-191

Loon van FHG (1927) Amok and Latah. J abnorm Psychol 21:434-444

Maier HW (1912) Über katathyme Wahnbildung und Paranoia. Z Gesamte Neurol Psychiatrie 13:555-612

Maletzky BM (1973) The Episodic Dyscontrol Syndrome. Deasease Nerv Syst 34:178-185

Malmquist CP (1995) Depression and homicidal violence. Int J Law Psychiatry 18:145-162

Mann JJ, Malone KM, Sweeney JA, Brown RP, Linnoila M, Stanley B, Stanley M (1996) Attempted suicide charakteristics and CSF amine metabolites in depressed inpatients. Neuropsychopharmacol 15:576-586

Marzuk PM, Tardiff K, Hirsch CS (1992). The epidemiology of murder-suicide. JAMA 267:3179-3183.

Mednik SA, Brennan P, Kandel E (1988) Predisposition to violence. Aggress Behav 14:25-33.

Meier U (1984) Der (mißlungene) erweiterte Selbstmord aus forensisch-psychiatrischer Sicht. Forensia 5:61-71

Melloy JR (1988) Violent and homicidal behavior in primitive mental states. J Am Acad Psychoanal 16:381-394

Meloy RJ (1997) Predatory violence during mass murder. Forensic Sci 42:326-329

Mende W (1969) Zur Kriminologie depressiver Verstimmungen. Nervenarzt 38:546-553

Menninger K: Man against hinself. Harcourt, Brace & World. New York 1938, reprint: 1962.

Menninger K, Mayman M (1956) Episodic dyscontrol - a third order of stress adaptation. Bull Menninger Clin, 20:153-163

Menninger WW (1984) Guns and violence - an American phenomenon. Am J Soc Psychiatry 3:37-40

Meth JM: Exotic psychiatric syndromes. In: American Handbook of Psychiatry; Band 3. Hrsg. S Arieti,EB Brody. New York 1974:723-739

Metzger E: Einiges über Amok und Mataglap. Globus Braunschweig 52, 1887:107 - 110

Miczek KA, Weerts E, Haney M,Tidey J (1994) Neurobiological mechanismen contolling aggression: preclincal deveopments for pharmacotherapeutic interventions. Neurosci Biobehav Rev 18:97-110

Middendorf W: Kriminologie der Tötungsdelikte. Richard Boorberg Verlag. Stuttgart 1984

Milroy CM (1993) Homicide followed by suicide in Yorkshire and Humberside. Med Sci Law 33:167-171

Milroy CM (1995) Reasons for homicide and suicide in episodes of dyadic death in Yorkshire and Humberside. Med Sci Law 35:213-217

Milroy CM, Dratsas M, Ranson DL (1997) Homicide-Suicide in Victoria. Am J Forensic Med Path 18:369-373

Möller SE, Mortensen EL, Breum L, Alling C, Larsen OG, Böge-Rasmussen T, Jensen C, Bennike K (1996) Aggression and personality: assoziation with amino acids and monoamine metabolites. Psychol Med 26:323-331

Monopolis S, Lion J R (1983) Problems in the diagnosis of intermittent explosive disorders. Am J Psychiatry 140:1200-1202

Monroe RR: Episodic behavioral disorders - an unclassified syndrome. In: American Handbook of Psychiatry, Bd 3, Kap 2. Hrsg: S Arieti, EB Brody. Basic Books. New York 1974:237-254

Mordoch D, Pihl OR, Ross D (1990) Alkohol and crimes of violenc: present issues. Int J Addict 25:1065-1081

Murphy HBM: The affektive disorders of comparative psychiatry. In: The International and Intercultural distribution of mental illness. Hrsg: HBM Murphy. Springer. Berlin Heidelberg New York 1982:108 - 114

Näkel N (1908) Der Familienmord in gerichtlich-psychiatrischer Beziehung. Vjschr gerichtl Med 35:136-137.

Neuzner B (1996) Hauptlehrer Wagner und Professor Gaupp - eine 25jährige Beziehungskatamnese. Fortschritt Neurol Psychiat 64: 243-249

Newman PL (1964) Wild man behavior in a New Guinea highlands community. Am Anthropol 66:1-19

Nun K (1986) The episodoc dyscontrol syndrome in childhood. J Cild Psychol Psychiar 27: 439-446

O'Connell BA (1959) Amnesia and homicide. Brit J Delinquency 262-276

Ohmori T, Arora RC, Meltzer HY (1992). Serotonic measures in suicide brain: the concentration of 5-HIAA, HVA, and tryptophan in frontal cortex of suicide victims. Biol Psychiatry 32:57-71

Oxley J: Malay amoks. J Indian Archip 1849; 3:532-533

Palermo GB, Smith MB, Jentzen JM, Henry TE, Konicek PJ, Peterson GF, Singh RP, Witek MJ (1997) Murder-suicide of the jealous paranoia Type. Am J Forensic Med Path 18:383-374

Palmer St, Humphrey JA (1980) Offenders relationship in criminal homicide followed by offender's suicide. Suicide Life-threatening Behav 10:106-118

Pedder J (1992) Psychoanalytic views of aggression: some theoretical problems. Br J Med Psychol 65:95-106

Pokorny AD (1965) Human violence: a comparison of homicide, aggraved assault, suicide, and attempted suicide. J Criminal Law, Criminology Police Serv 488-498

Praag van HM (1986) (Auto-)aggression and CSF 5-HIAA in depression and schizophrenia. Psychopharmacol Bul 22:669-673

Praag van HM, Kahn RS, Gregory MA, Wetzler S, Brown SL, Bleich A, Korn ML (1987) Denosologization of biological psychiatry or the specificity of 5-HT disturbance in psychiatric disorders. J Affective Disord 13:1-8

Praag van HM, Asnis GM, Kahn RS, Brown SL, Korn M, Harkavy-Friedman JM, Wetzler S (1990) Brit J Psychiat157:723-734

Raffles TS: The history of Java. 1817 (Reprint Ed.. Kuala Lumpur. Oxford University Press 1965)

Rasch Ch (1895) Über die Amok-Krankheit der Malyen. Neurol Centralblatt 856-859

Rasch W: Tötungsdelikte, nicht fahrlässige - forensisch-psychiatrischer Beitrag. In: Handwörterbuch der Kriminologie, Band 3, 2. Auflage. Berlin 1975:353-398

Räder K, Adler L, Freisleder FJ (1991) Zur Differenzierung von Suicid und Parasuicid. Eine Untersuchung an Abschiedsbriefen suicidaler Patienten. Schweiz A Neurol Psychiat 142:319-330

Resnik HLP: Suicid. In: Freedman AM et al. (Eds) Psychiatrie in Praxis und Klinik, Vol. 6. New York. Thieme 1991:243-262).

Revitch E (1964) Paroxysmal manifestation of non-epileptic origin catathymic attacks. Dis Nerv Syst 25:662-670

Revitch E (1975) Psychiatric evaluation and classification of antisocial activitis. Dis Nerv Syst 36:419-421

Revitch E (1977): Classification of offenders for prognostic and dispositional evaluation. Bull Am Acad Psychiatry Law 5:1-11

Ringel E: Der Selbstmord. Wien. Maudrich. 1953

Rode I, Scheld S: Sozialprognose bei Tötungsdelikten. Springer Verlag. Berlin, Heidelberg, New York 1986

Rosenbaum M (1983) Crime and punisment - the suicide pact. Arch Gen Psychiat 30:979-982

Rosenbaum M, Bennett B (1986) Homicide and depression. Am J Psychiat 143:367-370

Rosenbaum, M (1990) The role of depression in couples involved in murder-suicide and homicide. Am J Psychiat 147:1036-1039.

Roy A (1993) Serotonin, Suicide and Schizophrenia. Can J Psychiat 38:369

Roy-Byrne P, Post RM, Rubinow DR, Linnoila M, Savard R, Davis D (1983) CSF 5-HIAA and family history of suicide in affectivly III patients: a negative study. Psychiat Res 10:263-274

Schacter DL (1986) Amnesia and crime. Am Psychologist 41:286-295

Schmidt K, Hill L, Guthrie G (1977) Running Amok. Int J Soc Psychiat 23:264-274

Scheider HJ: Kriminologie. DeGruyter, Berlin 1987

Schipkowenski N: Schizophrenie und Mord. Monographie aus dem Gesamtgebiet der Neurologie und Psychiatrie. Julius Springer Verlag, Berlin 1938

Schrieke B: Indonesian sociological studies. The Hague: W.v. Hoeve. 1957

Schünemann KF: Über nicht kulturgebundene Amokläufe. Göttingen, Inaugural Dissertation 1992

Schulzen W: Ost-Indische Reisebeschreibungen. Amsterdam 1676

Selg H, Mees U, Berg D: Psychologie der Aggressivität. Hogrefe. Göttingen, Tornto, Zürich 1988

Shaw W (1972) Amuck. Fed Mus J (Malaysia) 17:1-30

Simon A (1987) The berserker-blind rage syndrome as a potentially new diagnostic category for the DSM 3. Psychol Rep 60:131-135

Simons RC, Hughes CC: The culture-bound-syndromes - folk illnesses of psychiatric and anthropological interest, 1. Aufl. D Reidel Company. Dordrecht 1985

Spores JC: Running amok: an historical inquiry. Athens. Ohio. 1988

Statistisches Jahrbuch. 1960-1970. Staatliche Zentralverwaltung für Statistik. Staatsverlag.

Statistisches Bundesamt: Statistisches Jahrbuch 1987. Verlag W. Kohlhammer. Stuttgart Mainz 1987

Stein DJ (1994) Is impulsiv aggression a disorder of the individual or social ill. Biol Psychiat 15:353-355

Stein MB, Testman RL, Mitropoulou V, Coccaro EF, Hollander E, Siever LJ (1996) Impulsivity and serotonergic funktion in compulsiv disorder. J Neuropsychiat Clin Neurosci 8:393-398

Stone HM: Langzeitkatamnesen von narzißtischen und Borderline-Patienten. In: Narzißtische Persönlichkeitsstörungen. Hrsg: Kernberg O. Schattauer. Stuttgart New York. 1996:131-154

Tan E (1965) Amok: a diagnostik consideration. Proc Second Malays Congr Med (Singapore) 22-25

Tan E, Carr JE (1977) Psychiatric sequelae of Amok. Cult Med Psychiatry 1:59-67

Tanay E (1969) A psychiatic study of homicide. Am J Psychiat 125:146-153

Träskman L, Asberg M, Bertilsson L, Sjöstrand L (1981) Monamine metabolites in CSF and suicidal behavior. Arch Gen Psychiat 38:631-636

Teoh JI (1972) The Changing Psychopathology of Amok. Psychiatry 35:345-351

Virkkunen M, Nuutila A, Goodwin FK, Linniola M (1987) CSF monamine metabolite levels in male arsonists. Arch Gen Psychiat 44:241-247

Virkkunen M, Rawlings R, Tokola R, Poland RE, Guidotti A, Nemeroff C, Bissette G, Kalogeras K, Karonen SL, Linnoila M (1994) CSF biochemistries, glucose metabolism, and diurnal activity rhythms in alkoholic, violent offenders, fire setters, and healthy volunteers. Arch Gen Psychiat 51:20-27

Virkkunen M, Goldman D, Nielsen DA, Linnoila M (1995) Low brain serotonin turnover rate and impulsiv violence. J Psychiat Neurosci 20:271-275

Virkkunen M, Eggert M, Rawlings R, Linnoila M (1996) A prospective follow-up study of alcoholic violent offenders and fire setters. Arch Gen Psychiat 53: 523-529.

Volavka J: Neurobiologie of violence. Washington London, American Psychiatry Press 1995

Volkow ND, Tancredi L (1987) Neuronal substrates of violent behavior. Brit J Psychiat 151:668-673

Weiss JMA, Lamberti JW, Blackman N (1960) The sudden murderer. Arch Gen Psychiat 2:669-678

Wertham F (1937) The Catathymic Crisis. Arch Neurol Psychiat 37; 974-978

Wertham F: The Catathymic Crisis. In: Violence. Hrsg.: Jossey-Bass Publishers. San Francisco, Washington, London 1978:165-170

West DJ: Murder followed by suicide. Cambridge. Harvard University Press. 1966

Westermeyer J (1973 a) Grenade amok in Laos - a psychosocial perspektive. J Soc Psychiatry 19:251-260

Westermeyer J (1973 b) On the epidemicity of amok violence. Arch Gen Psychiat 28:873-876

Westermeyer J: Sudden mass assault with grenade: an epidemic amok form in Laos. In: Simons RC, Hughes CC (Eds) The Culture Bound Syndromes. Reidel Publishing. Dordrecht 1985

Wolfgang ME (1958) An Analysis of homicide-suicide. J Clin Exp Psychopathology 19:208-218.

Wolfgang ME, Palmer S, Humphrey JA, (1980) Offenders relationship in criminal homicide followed by offender' suicide. Suicide Life-threatening Behav 10:106-118

van Wulfften Palthe P M (1933) Amok. Med J Geneesk 77:983-991

Wetzel A: Über Massenmörder. In: Abhandlungen aus dem Gesamtgebiete der Kriminalpsychologie, Heft 3. Hrsg:K. von Lilienthal, S. Schott, C. Willmanns. Julius Springer. Berlin 1920:1-109

Wight JD, Rossi PH,Daly K,Weber-Burdin E: Weapons, crime, and violence in America. Hrsg: National Institut of Justice. U.S. Department of Justice 1981

Willmanns K (1940) Über Morde im Prodromalstadium der Schizophrenie. Z Gesamte Neurol Psychiatry 170:583-662

Witter H: Allgemeine Psychopathologie. In: Handbuch der forensischen Psychiatrie. Hrsg: Göppinger H, Witter H. Springer. Berlin Heidelberg New York 1972.

Yap P M: The Culture-bound-reaktive-syndromes. In: Mental Health Research in Asia and the Pacific. Hrsg: v. Caudill W, Tsung-Yi Lin. East-West Center Press, Honolulu 1969:33-53

Ziese P (1968) Broken home, Suicid, erweiterter Suicid bei endogener Depression. Soc.Psychiat 3:70-75

Karl Berg
Der Sadist
Der Fall Peter Kürten

Mit einem Nachwort und einer Bibliographie
128 S., 24 Abb., br. DM 38.– ISBN 3-923646-12-7

»In der Verbrechergeschichte der Gegenwart hat kein Fall die Gemüter so erregt wie der Düsseldorfer Mörder Kürten mit seiner langen Reihe von Verbrechen. Die Häufung von sexuellen Überfällen und Morden in der Stadt Düsseldorf während der Monate Februar bis November 1929 hielt nicht nur die Bewohner Düsseldorfs, sondern ganz Deutschlands, ja ich kann ohne Übertreibung sagen, der ganzen Welt in Spannung und Empörung.«

Ein Kriminalfall ohne Beispiel – aus der Sicht des zuständigen Gerichtsmediziners! Erstausgabe der 1931 in der *Deutschen Zeitschrift für die Gesamte Gerichtliche Medizin* erschienenen Studie.

Christian Fuchs
KINO KILLER
Mörder im Film

Mit einem Vorwort von Jörg Buttgereit
288 S., zahlreiche Abbildungen DM 39.80
Vormals edition S (Wien 1995) ISBN 3-923646-74-7

Man hat ihnen Denkmäler gesetzt, sie analysiert, seziert, zu monströsen menschlichen Bestien stilisiert oder als *outlaw*-Mythos verherrlicht: Die Amokschützen, Serienkiller, Lustmörder des 20. Jahrhunderts. Mit einer Welle scheinbar motivloser Gewaltverbrechen überschwemmen sie seither die Medienlandschaft.

KINO KILLER lotet das Schattengebiet zwischen blutiger Realität und Film aus und befaßt sich mit der von ihnen ausgehenden Faszination: mit der romantischen Raserei in *Badlands* (1973), inspiriert vom Killerpärchen Starkweather/Fugate, dem dumpfen Terror von *Henry – Portrait of a Serial Killer* (1986) auf den Spuren des Mörders Henry Lee Lucas, dem entfesselten Mordrausch von *Rampage* (1986), beeinflußt von Richard Chase, und Schockern wie *Psycho, Kaltblütig, Texas Chain Saw Massacre, Natural Born Killers* und *Das Schweigen der Lämmer.*

Ed Gein
A Quiet Man

Herausgegeben von Michael Farin und Hans Schmid
Essays, Artikel, Aufsätze, Songs, Filmmitschriften, Comics, Hinweise, Bilder, Standfotos, Plakate, Videoprints etc.
389 Seiten, 82 Abbildungen, broschiert, DM 39.8o
ISBN 3-923646-52-6

»Mother, she's just a stranger
She's young and it's raining out
She's down at the motel
Thought I'd go back and check her out
I just checked her in but ... «, singt Rod Mc Donald unnachahmlich leise und melancholisch. Norman heißt das Lied, und es klingt, als wäre es aus einer anderen Welt. Aber Bates Motel ist das Ende der Welt, jedenfalls für Janet Leigh in Alfred Hitchcocks Film PSYCHO.

»THE TEXAS CHAIN SAW MASSACRE ist der einzige Film, der mir wirklich je Angst gemacht hat.« (William Lustig, Regisseur von MANIAC)

»Da«, erzählte Werner Herzog einmal, »Bud deutete hinter sich, sei der Friedhof. Der sei jetzt schon seit zehn Jahren geschlossen. Da habe Ed nachts immer herumgebuddelt.«

Hannibal Lecter in THE SILENCE OF THE LAMBS zur FBI-Agentin Starling alias Jodie Foster: »Oberste Prinzipien. Simplification. Bei jedem einzelnen Ding die Frage, was es in sich selbst ist. Was ist seine Natur? Was tut er, dieser Mann, den Sie suchen?«

Norman Bates, Leatherface und die anderen haben ihn zur Legende werden lassen: den Mörder und Nekrophilen Ed Gein. »Ed Gein was not a good man«, schrie Lux Interior einmal, »but he was a great man.« Das war Ed natürlich nicht ... ist er nie gewesen. Dies allerdings ist das ultimative Buch zum bizarrsten Kriminalfall Amerikas, zu den davon inspirierten Büchern, Filmen und Merchandising-Produkten.

**belleville Verlag Michael Farin
Hormayrstr. 15 · 80997 München**